# 在疫病中生起智慧

身苦心不苦，
疫病蔓延時，正是修行好時機

陳琴富——著

代序

# 以好心消除新冠病毒災難

星雲大師

代序緣起：

新冠病毒疫情爆發後，人心恐慌，除醫療救助、口罩防護外，該以什麼心態自我健全？也是防疫的一環。

佛光山開山星雲大師在二〇〇三年SARS疫情期間開示「以好心消除SARS災難」，時空有別，一樣受用。小編特別精選，用佛法來提升免疫力，身心自在。

因SARS的流行，讓全民幾乎是人心惶惶，社會呈現動盪不安。其實SARS也不是那麼可怕，主要的，不但我們有醫藥可以治療，尤其我們有免疫力可以抗拒，所以大家不必驚慌，要臨危不亂、處變不驚。在疫情流行的這個時候，要做好隔離工作，每個人心中做好準備，「隔離」是自他兩利，二星期與社會大眾隔絕，可以把自己當成是進修，就如佛教徒閉關，利用時間讀書，也能求得安心。

大家如果信基督教、天主教，可以多向上帝、耶穌祈求，如果信奉媽祖，可以向媽祖禮拜，增加信心，如果是信佛教的人，多多稱念觀世音菩薩聖號，觀世音菩薩可以救苦救難。

明白說，不管佛菩薩有沒有來救我，有了慈悲心，就能救自己。自古以來，不管哪個朝代，哪個時代，瘟疫的流行是常有的事，只是看我們抗拒的力量如何，我們有力量，就能戰勝疫病；我們有力量，就可以存活下來；這個世界，因為我們有力量，而能更美好。

面對已有家屬受到感染，不但個人、家庭、朋友，甚至整個社會，都會因為我們而有被傳染的可能。即使心中有掛念，仍要維持自己的鎮定，保持自己的歡喜心，因為鎮定、歡喜心，就如《心經》說：「心無罣礙，無罣礙故，無有恐怖，遠離顛倒夢想。」心不顛倒，意不貪戀，就可以遠離顛倒夢想，就可以遠離疫病。

病患家屬不要陷入恐慌之中，讓已受傳染的人感覺好像大難臨頭。已受感染的人，要帶著灑脫的心、自信的心，因為有信心，就能產生免疫力，就會獲得健康。自救之餘，甚至還能救人，不要因社會的流言而自亂陣腳。沒被感染的人，要自我防護，大家一起努力消除疫情，獲得健康，就會擁有美好的未來。

希望宗教界、政治界，甚至教育界的學者、教授，以及社會人士等，大家共同來防疫，尤其是不要渲染，愈是渲染，是非就愈說愈多，但也不要隱瞞疫情，應該公開，讓全民知道真實情況。

SARS的流行，大家講醫療、講隔離，這都是在「果」上處理。佛教講「因果」，如果「因」不存在，當然不會有「果」的產生。所以處理SARS，要從「因」上來研究，為什麼會有SARS？

SARS的傳染，這是人類的劫難，是人類的「共業」，因為大家造作不好的行為，才有這個不好的「共業」。例如許多人不愛護生命，到處殺生，不愛惜大自然，大肆破壞山林；當然地，大自然必會反撲。所以，要消除疫情，一定要全民淨化自己的身心，要有道德、有慈悲，重新改過做人，有慈心、有道德、有智慧，有了好的「因」，產生的「果」自然就會改變。

希望從政者，乃至商界、學者、各團體及社會人士，大家要道德重整，大家有善心、有道德，有了好的行為，就會有好的果報。雖然現在共業來了，大家不要驚慌，要想辦法脫離共業。例如：個人做好事、說好話、存好心，用善因去改變惡的果報，有善心才能改變社會。

改變社會不是一句話、一件事就能改變，但我們用一顆好心祝福，所謂「三界唯心，萬法唯識」，心的力量很大。所謂「誠心感動天」，大家應該用對宗教的誠心，對自己的肯定，重視父慈子孝的家庭倫常，相信疫情很快就會過去，我們要對此有信心。

總之，要消除SARS的災難，固然要靠醫藥及社會大眾的努力來處理，大家能做的，像「做好事、說好話、存好心」、「勤修戒定慧，息滅貪瞋痴」，世界一定會大大改變的。

除此，希望媒體能節制報導，不要重複，但也不要隱瞞，如實報導，讓有權的人看了自會處理。否則報導太多，民眾打開電視，一而再、再而三地收看，看多了，感覺好像整個台灣都沉淪了。

（刊於二〇二〇．二．十七人間福報，本文經星雲大師慨允，作爲本書代序。）

自序

# 修行在疫病蔓延時

陳琴富

二〇〇三年的SARS算是人類在二十一世紀的第一場瘟疫，在這一場災難中，台灣很不幸的成為疫區，在整個抗疫過程中，不論是政府還是民眾，都顯得慌亂無助。事隔十七年，在二〇二〇年的一月底，中國大陸的武漢地區又爆發了俗稱「武漢肺炎」的新型冠狀病毒肺炎，後正名為COVID—19，儘管各方已經有過抗SARS的防疫經驗，但疫情擴散蔓延，依舊引起民眾的恐慌，搶購口罩蔚為奇觀，尤其是大陸接二連三的封城措施，更是讓人們風聲鶴唳。

二十一世紀的第二場瘟疫，適值中美貿易戰正如火如荼開打之際，全球反中浪潮方興未艾，歐美地區出現歧視中國人的現象，東方面孔出入公共場所動輒被白眼，國際間的醫療合作遭到空前的考驗。而兩岸之間也因為民進黨執政四年的冰封，民進黨和共產黨之間沒有共識之下，固然因陸客減少使得台灣的確診數減少許多，只有二十餘例，但是兩岸之間的醫療合作卻也不那麼順暢，尤其是接運在武漢疫區的台灣人返鄉，包機問題兩岸都還要政治角力一番。雖說健康是普世價值，疫情不應有國界之分，但瘟疫的發生實在是對於人類同情心、同理心、慈悲心的一大考驗。

如果深觀這兩場世紀瘟疫，我們會發覺它之所以在中國大陸爆發，在台灣、世界各地蔓延是有原因的，會造成那麼多人的死傷也不是無緣無故的。中世紀的黑死病被視為是大自然調節人口的機制，那麼，這兩次的疫病災難又帶給人們什麼樣的啟示呢？交通的便捷、手機電腦的使用，人類文明已經發達到幾乎無有國界，但是人們的隔閡依舊鴻溝處處，在中東地區、亞太地區、甚至歐洲都埋藏著戰爭的地雷，隨時有一觸即發的危機。人們除了學會和病菌對抗之外，能體會大自然無言的哲理嗎？我們又能進而在病苦中體會生命的意義嗎？

## ◒疫病的警示

SARS的起因是來自於果子狸，新型冠狀病毒肺炎的病原還不明，各種說法甚囂塵上，有認為是來自於人們嗜食野生動物，蝙蝠被認為是病毒之源，更有人說這是生化病菌戰，莫衷一是。但很確然的是，人類需要學習的課題還有很多，包括如何與大自然相處，如何互助合作，如何把人類社會建設成四海一家的樂園。

除了領導國家的政治人物必須深刻體會瘟疫、災難為人類帶來的啟示，理解到人類一家的真諦之外，每一個人也應該透過疫病的發生，了解人與大自然之間的相倚相依。人心的貪婪超越了所有的物種，不管是海洋生態、森林環境，乃至於大氣層都遭到人類的破壞，人類已經逐漸遭到反撲，至今仍不自覺。「諸法所生，唯心所現，一切因果，世界微塵，因心成體。」病毒也是源自人類貪婪的心，因此，我們更應該在疫病蔓延時、在病苦時體會生命的意義和人類存活在宇宙間的價值。

## ◒病苦的業緣

生老病死苦是一般人都深切體會的苦，不過也要到臨頭才會警覺它給我們帶來的痛。「生時」的痛只有母親才能感受，嬰兒在長大後對於初見天日的痛多半不復記憶。「死時」的痛只有臨終的人才能體會，死後也不能復生說明白，別人無從想像臨終與死亡的苦。「老」是漸漸發生的，一般人比較不容易察覺，要等到老態龍鍾的時候，耳不聰、目不明、行動不便，那時才感嘆老苦。至於「病苦」是每個人無時無刻都可能要經歷的，不分性別、老少、種族、宗教信仰。而病有千百種，輕如感冒，不過也令人頭昏身重，提不起勁來；重如癌症，更是痛徹骨髓，讓人苦不欲生。疫病則是明顯的共業，因為傳染迅速、難治，而且同時發生在許多人身上。

一個人會生病必定有原因，個人的病因有其業緣，因緣感召才會致病。疫病的傳染則是由共業相應而生。如果不能夠深觀因緣，了解致病的緣起，當然無法對症下藥。近年來台灣的病場熾盛，災難不斷，主要的原因在於眾生貪瞋習氣張揚，不但破壞了大自然的生存機制，同時也攪亂了六道眾生的生活空間，尤其是對其他物種的不尊重，造成冥陽不安，當然要災難不斷。

## ◒ 佛陀的教化

釋迦牟尼佛的應化人間，就是為了解脫人生的痛苦煩惱。他不只是知道人間的病苦，同時也知道人生的根本痛苦，為了拔除人們的煩惱痛苦，他入山修道，終於悟道。他在菩提樹下成道後首次為五比丘說法，說的即是「四聖諦」的法則。

四聖諦就是苦、集、滅、道，苦是指人生所處的環境是苦的，集是說明苦的原因，滅是說明苦的息止，道就是息滅痛苦的方法。於是佛陀提出了種種法門對治我們的根本煩惱，其目的在求解脫輪迴的痛苦，得到究竟的安樂。

佛陀因為能解決人生的根本大病，所以稱為大醫王。他說明一個良醫的四德：「一者善知病，二者善知病源，三者善知病對治，四者善知病治已，當來更不復發。」對於病苦也可以用四諦的方法，首先我們要知道真正的病徵；其次要知道致病的原因；第三，要用對藥、用對方法；第四，一旦病癒之後將來都不讓它再復發。如果我們能依照佛陀的教示，自然能夠療癒病苦。

在佛教的傳統中，有許多面對病苦的方便法門，例如頌經、持咒、懺悔、觀想，累積二千多年的經驗，佛門中對治病苦也發展出一些特別殊勝的經典、懺法和咒語。例如對抗瘟疫，念頌《藥師琉璃光如來功德經》、《大方廣懺悔滅罪莊嚴成佛經》有無量的功德；持頌大悲咒、蓮花生大士心咒、山林葉衣母心咒，綠度母心咒可以立即消除罪障和疫疾。在懺法中漢傳佛教有兩部寶典：《梁皇寶懺》和《慈悲三昧水懺》都有救度功德，至誠念頌可以感應，除怯諸病苦。

## 痛苦的止息

不過，佛教的真意不只是解決人生中所經歷的病苦而已，而是要根本解決生命中所有生理、心理所引發的煩惱和痛苦。有人為名所苦、有人為財所苦、有人為情所苦，苦惱起來，自殺或是殺人者屢見不鮮。之所以會如此就是由於內心貪、瞋、無明的習氣作祟。所有追求的目標不是自己清澈的自性所決定的，所有追求的手段不是經過微細心思審度的，而是被貪瞋無明的念頭牽著，一步步地誤入惡業的陷阱。因此，一生過得就像狗咬尾巴一樣，只是一場盲目的追逐。

疫情蔓延的時候、生病的時候，要開始深觀生命的本質，學會自在面對病苦。透過病苦我們看到業因、業緣，體會「身苦心不苦」的法義，知道如何與病菌共生、與大自然共處，徹底懺悔往昔所造諸惡業，改正過往的惡習，如何以自然的法則療疾。如果身體已經敗壞，也能夠穿透生老病死的本質，諦觀生死，當生命已經走到盡頭的時候，知道此生業緣已盡。一個有禪修體驗的人明瞭「此生已盡，所作已辦」，如果是修成有成，自知「不受後有」，則萬緣放下，死生自在。

## ◒惡業的轉化

在大乘佛法中，由於有菩提心與慈悲心的發願，一個行者在病中會思量：

「願我能藉此承擔一切眾生的病苦，願他們的不幸在我身上受報，願他們不再受惡業的折磨。」這樣的思維不但可以減緩自身的痛苦，也因為這樣的發心而能行持善業，感召善果。大乘行者也知道，唯有慈悲與大愛才能轉化一切的惡業。當台灣面臨像SARS、新型冠狀病毒肺炎等疫情的時候，自私與自利能讓病毒迅速遏止嗎？只管自家門前雪能真正杜絕病毒的侵襲嗎？只有當大家發起慈悲心，行善業，才有可能讓病毒轉化。

寫就此書是因為看到台灣社會面對新冠肺炎疫情時，一如十七年的SARS來襲時一樣，驚惶失措，民眾不知道如何面對業果的成熟。地震、颱風、疫病，一次又一次的災難，大自然的反撲在對我們示警，但是已經習於爭鬥、自利的台灣社會、人類社會，聽得到大地和六道眾生的怒吼嗎？SARS早已遠離，但新型冠狀病毒肺炎又襲捲再來，類似的災難根本不會根絕，因為這些病菌會隨著人心而出現、突變，它可能蟄伏、可能躍動，人們應該學習的是如何與它相處，如何互助合作。

疫情的爆發造成病苦，病苦只是生命中一種小小的苦，雖然它會帶來無盡的痛，也會造成死亡，但是藉著病苦諦觀生命的實相，未嘗不是一種逆增上緣。願讀到此書的人能在病苦中生起智慧，能夠在疫情蔓延時安頓身心，度脫因病所帶來的身苦，進一步能在病苦中生起「無緣大慈，同體大悲」的願力，讓這個社會的災難減少，更臻於美善的境地。

# 目錄

第五篇

## 病苦中生起智慧 173

Chapter 1

# 疫病的課題

# 新型冠狀病毒肺炎的侵襲

*Disease gives wisdom*

二〇〇三年的二月間，中國大陸廣東地區爆發「嚴重急性呼吸道感染症候群」（SARS非典肺炎）之後，四月間開始在香港、越南、新加坡、加拿大等地區蔓延，台灣地區在四、五月間迅速擴散，SARS成為二十一世紀的第一場瘟疫。

事隔十七年，二〇二〇年的一月底，接近農曆春節時刻，武漢爆發了肺炎，早在前一年的十二月底武漢就出現二十七個「病毒性肺炎」的病例，國家衛健委還派專家到武漢指導疫情的處理。一月一日，武漢市通報有八名網友因發布「華南水果海鮮市場確診七例SARS」，被武漢市公安機關認為是不實信息依法查處，後來證實這八名網友的信息是正確的。五日，武漢市衛健委通報了五十九例，上海公衛臨床中心則從標本中測出一種新型的

ＳＡＲＳ類冠狀病毒。八日，國家衛健委確認「新型冠狀病毒」是疫情病原。二十日，武漢確診病例增至一百九十八人，北京和深圳通報有病例，大陸呼吸病學專家鍾南山確定該病毒會人傳人，並透露有十四名醫護人員感染。二十一日，美國確診第一例冠狀病毒肺炎，成為亞洲以外的首個病例，當天，台灣也發現首宗病例。至此，新型冠狀病毒引起全世界的重視。二十三日，除夕前一天，武漢、黃岡、鄂州等湖北城市陸續宣布封城，感染病例直線上升，大陸當即也緊急興建火神山醫院。

一月三十日，世界衛生組織（ＷＨＯ）宣布新型冠狀病毒構成「國際突發公衛事件」，但不建議外國對中國採取停飛或其他旅行管制措施。次日，美國確診六例，宣布公衛緊急狀態，拒絕近期到過中國的非美國公民入境。日本和英國則相繼以包機方式自武漢撤僑。至二月六日，中國大陸確診兩萬八千例，死亡超過五百人，境外最多是日本確診有四十五例，新加坡二十八例，南韓二十三例，香港二十一例；到二月七日確診病例達三萬四千五百例，死亡累計七百二十二例，單日新增數的確嚇人。到了三月三日，中國大陸的確診人數超過八萬，死亡近三千人。令人驚訝的是韓國因為新天地教會的群聚感染，暴增到四千多例，死亡也有二十二例；伊朗確診超過一千五百例，死亡六十六例；義大利超過一千八百例，死亡五十二例，日本確診二百七十多例，死亡六人，鑽石公主號也有六百八十七例。肺炎疫病蔓延到七十餘國，可以說全世界都受到波及。

而台灣則是在一月二十一日出現首例，是從武漢回來的台商，至一月三十一日確診達十例，至二月三日從武漢包機回台又確診一例。有鑑於SARS的經驗。民眾首先的反應就是搶口罩，因為一罩難求，以致於造成心理恐慌。政府先是限制四大超商每人限購三片，數量有限，店家不堪其問，許多超商門口乾脆掛出「口罩沒有了」、「不賣口罩」的字條，後來政府又宣導不是人人都要戴口罩，仍然無法阻卻人們買口罩的衝動。政府最後採取實名限購，每人憑健保卡一週限買兩片，還是大排長龍。「口罩之亂」說明了人心恐慌的現象。到二月二十日已確診二十六例。美國疾病管制暨預測中心認定台灣為社區傳染國家，到三月三日已確診四十二例，一人死亡；而且林口長庚醫院出現院內感染的情況。

武漢包機回台的的問題也是一波三折，由於有一個病例入境，造成政府對於包機名單的不滿，除了責怪台商也責怪對岸，本來不管染不染病，回國就醫是民眾的權利，政府也應該承擔起責任，日本就展現了大氣，包括外國人只要在境內染病，一律免費收治。讓人看到政府的政治化，難道人命不如政治重要？後來拒收陸配非國籍「小明」，就是政府向民粹妥協的象徵，中央疫情指揮中心指揮官陳時中還說：「當時自己選擇國籍，現在自己要做安排及承擔。」引起極大非議，被批評為寧可要意識形態也不顧人道。

這次比較特別的是郵輪，其中鑽石公主號停留在橫濱外海，有三千七百名乘客，到二月九日已經有七十個確診病例，一月三十一日過境基隆港時，因為有近千人曾經上岸，遍遊台北市、新北市、基隆等重要景點，包括故宮、中正紀念堂、迪化街、陽明山、野柳、九份等地，是否在台灣埋下地雷，不得而知。還好麗星郵輪寶瓶星號在二月八日停靠基隆港，共篩檢了二千四百多人，近九小時完成檢疫，全船呈陰性。中央流行防疫中心指揮官陳時中登船宣布：「我們可以回家了！」引起一陣歡呼。兩相比較，若有人感染，全船都籠罩陰影，旅客所到之處，人人自危。後來鑽石公主號停靠在橫濱外海，日本政府未准乘客入境，導致感染者日益增加，至超過六百人，安倍內閣被罵個臭頭。各國陸續將僑民接回，台灣也在二月二十一日接回十九名乘客。郵輪的確是這次疫情災情慘重的一個場域。

回首二〇〇三年SARS疫情的爆發，三月間台大醫院首先收治了勤姓台商夫婦，緊接著中鼎工程公司多位員工疑似感染，不過都控制得宜，政府也志得意滿的宣稱我們達到「三零」的成效，即零死亡、零輸出、零社區感染，但四月間台北市立和平醫院爆發院內集體感染之後，不僅戳破了政府口中的三零神話，同時也衝破了我們號稱一流的醫療防護網。其後，從和平醫院流竄出去的病源，陸續引爆，仁濟醫院、馬偕醫院、關渡醫院都先後遭殃，而全台聲望最卓著的台大醫院也不能倖免。最後疫情延燒到南部，高雄長庚、高雄醫學院附設醫院都先後引爆院內感染，全台死亡七十三人，醫護人員死亡達十一人，確診病例有三百四十六例。死亡比例達二十一．一％，超過香港的十七％和大陸的六．六％。

在這場瘟疫風暴中，人們張皇失措，政府整個調度失靈，中央指揮系統沒有指揮能力，各醫院不能互相支援，醫護人員的防護設備不足；地方政府各自為政，以自掃門前雪的心態，深怕病源入境，有些地方拒絕病患進入縣境，有些地方為了醫療廢棄物的入境而群起抗爭；被隔離的民眾沒有意識到問題的嚴重性還四處趴趴走，一般人則是急著搶購口罩。一些商人甚至藉機發瘟疫財，趁機囤積哄抬口罩價格，人性中自私的一面完全在這次的瘟疫中展露無遺。

政治人物的誇張動作在此刻仍然沒有罷休，中央和地方為了不同黨派的成見互相攻訐，朝野間也互相批判。最後中央由總統出馬，另外找一些醫界的專家大老成立防治小組，指揮的口徑才稍微一致，中央地方的步調也才慢慢齊一。不過疫情防治到一半，中央衛生署長和台北市衛生局長相繼去職，一方面說明了該病毒的凶狠難纏，一方面也反映了政治的現實無情。

這次新型冠狀病毒肺炎的情況也不遑多讓，行政院的表現也讓人覺得還是意識形態掛帥，先是不准口罩出口，有禁止挹注大陸的意思。接著為了接回武漢台胞的問題，為了是否「撤僑」的意識形態之爭，陸委會和國台辦相互角力，完全不把民眾的生命當作急務，救人之前得先把政治談妥了。所幸中央流行疫情指揮中心還算是專業，除了口罩政策、中小學校延後開學政策被批評之外，或許是疫情沒有蔓延擴散，整個指揮和調度作業沒有出現大問題。

當疫情爆發的時候，大部分的人都顯得無助，他們害怕被感染，急著翻閱資訊了解病毒的成因以及它的傳播途徑，最好不要惹病上身，為自己也為家人尋找最好的口罩。他們對於政治無能為力，覺得自己沒有辦法左右政治人物的意志，對於疫情的遏止幫不上忙。網路上流傳著疫情的資訊，真真假假，以及對於政府無能的謾罵與嘲諷。在此刻，人顯得特別的脆弱與自私。

人的脆弱是因為恐懼，恐懼又源於對於真相的無知。在科學不發達的時代，人們對於地震等天災感到莫名的恐懼，以為是山神或地神發怒，於是對祂們祭拜，並發展出一套祭典儀式，作為因應天災的方法。對付SARS和新型冠狀病毒肺炎也是一樣，醫界積極研究病毒的種類和成因，並研發療方和疫苗，真相和對治的方法找到以後，人們就不會再恐懼了。從佛教的觀點，人們對於許多事相的本質和真相並不明白，許多時候，我們是把草繩當作蛇，這是在我們生活中充滿恐懼的原因。

「人不自私，天誅地滅」，自私是必然的，只要有好事，第一個想到的一定是自己，只要有災厄，第一個想要避開的也是自己。然而，人類文明的累積讓我們知道，生命的價值不止在於求自己的溫飽與功名利祿而已，「人饑己饑，人溺己溺」是儒家的思想。佛家則是以慈悲心發揮大愛的精神去幫助他人，因為每個人都想要離苦得樂，既然還有人處身災難之中，當然要協助他脫離困境，讓他也離苦得樂。

在SARS和新型冠狀病毒肺炎風暴中，人人自危，封村、搶購口罩，我們固然看到人性自私的一面，但也看到許多醫護人員秉持史懷哲和南丁格爾的精神，投身第一線從事醫療救護的工作，也有人因此犧牲了生命；更有一些志工投入醫院協助周邊的作業，包括對隔離人員提供便當。因為有這些人的獻身，為人們在病毒蔓延的恐慌中挹注一股溫暖。從人類文明的演進史中發現，疾病和痛苦是永遠伴隨著人類前進的，這是無法避免的現實，但是也唯有人類的互助合作才有可能一次又一次克服巨大的災難，小自人與人之間、團體與團體間，大至國家與國家間，國協與國協之間，只有通力合作才有可能解決彼此間的問題與困難，對付病苦也是一樣。

在新型冠狀病毒肺炎風暴中，最能照出人性善惡一面的就是大陸的「吹哨者」李文亮，他在十二月三十日就預警有新型病毒，遭到打壓，被迫簽下訓誡懲罰，後來他自己也感染了新型冠狀病毒肺炎，到二月一日確診，並在二月六日晚間過世，享年三十四歲。大陸網友開始發起一片「大哭」聲浪，甚至要求武漢公安下跪道歉。人民日報上海分社副社長李泓冰發出悲鳴：「我們憤怒於你的預警被當成謠言，我們傷痛於你的死亡竟不是謠言。現在，因為不信你的哨聲，你的國家停了擺，你的心臟停了跳。還要怎樣慘痛的代價，才能讓你和你們的哨聲嘹亮，洞徹東方。」

政府不相信人民，總是想要文過飾非，但決堤的洞口掩蓋不住，一旦沖爆，洪水沖頂而來，一發不可收拾。政府不該是掌控人民的機器，更不應該和人民對著幹的，儘管大陸這次的防疫措施做得很好，疫情的控制也很迅速，但大陸對於言論的管制的確未達現代國家的文明程度，不過經過這次新型冠狀病毒肺炎疫情之後，相信中國大陸的政府機制得重新開機。誠如毛尖在〈為李文亮哭吧〉的結語：「雖然我們不是每件事都懂，但還是相信，等到很久以後，等到世界的終點，等到每一個冬天變成春天，一切都會走向美善。」美善不單指一個人追求的價值，也應該是國家追求的目標。

在這次抗新型冠狀病毒肺炎的過程中，以國家來看，日本的表現最受肯定。面對疫情的衝擊，日本不自掃門前雪，反而雪中送炭對中國馳援，他們認為，只有協力中國平息疫情，世界才能真正擺脫病毒的威脅。他們先是送去一百萬個口罩，裝箱上面印有「山川異域，風月同天」的字樣。這是盛唐時期，當時日本仰慕中國文化，首相長屋贈送中國大德上千件袈裟，衣緣上繡有「山川異域，風月同天；寄諸佛子，共結來緣。」也因此感動了鑑真和尚東渡日本的決心。還有引用《詩經》的「豈曰無衣，與子同裳」；王昌齡詩《送柴侍御》的「青山一道同雲雨，明月何曾是兩鄉」，以及改自南朝梁周興嗣的《千字文》詩句：「遼河雪融，富山花開；同氣連枝，共盼春來。」日本以此字句暖哭了許多大陸人，不但展現了日本對於中華文化的嫻熟，能夠體恤對方的用心，更體現了當年共結良緣的情懷，實踐了風月同天，世界本一體、人類本一家的理念。也有些民間團體發揮同胞愛，在口罩缺的時候，佛光山和慈濟就率先對大陸提供口罩；在酒精也大排長龍的時候，旺旺集團也免費提供民眾水神防菌液（微酸性電解次氯酸水），效果和安全性更勝酒精，這些行為都展現了民胞物與、患難與共的精神。但仍有些政治人物以意識形態在批評這些善舉，顯露出人性醜陋與自私、無情的一面。

相較之下，人們總有許多的奇思雜想摻和在單純的事情中，把問題弄得複雜而難以克服。世界衛生組織在國際的抗ＳＡＲＳ和抗新型冠狀病毒肺炎的問題上，就有種種政治因素的作梗，讓世界上同樣受著病苦的國家或社群無法與會，甚至還有為了與會的名義、身分的問題而爭論不休，凌駕了對於病毒和疫情議題的探討，台灣能不能進入ＷＨＯ，貢獻對於防疫的專業，也考驗著國際社會的人性。從這裡可以看到，人們的私心作祟正是阻礙文明進展的最大原因。面對病苦，除了個人要用智慧去克服之外，一個國家乃至於國際社群像是聯合國，都應該以超越人類自私的胸懷和遠見，以更廣闊的慈悲心、平等心去對待每一個種族、每一個國家、每一個族群、每一個人，才有可能克服人類的盲點，讓文明更向前邁進一步。

# 瘟疫的成因

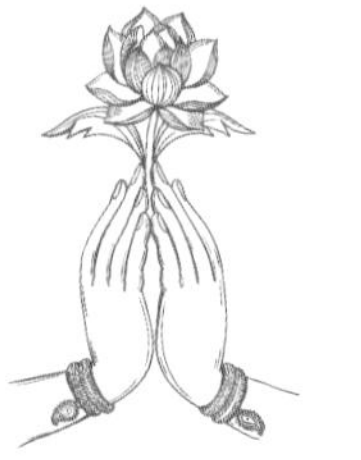

Disease gives wisdom

瘟疫的形成都有其原因，二〇〇三年的嚴重急性呼吸道症候群是從廣東爆發，根據研究，冠狀病毒是來自於動物身上，有說是猴子，有說是果子狸，但都沒有被證實。這種病毒是透過ＲＮＡ（核醣核酸）複製，不斷的突變，其症狀是發燒、全身無力、咳嗽，初期症狀和感冒類似，以致一開始民眾多誤以為感冒，由於輕忽不知道其嚴重性，才導致大規模的蔓延。

二〇二〇年的新型冠狀病毒肺炎是從武漢爆發，目前原因不明，有說是蝙蝠病毒，但並未證實。然而，病毒如果不是人為加工，就是來自野生動物。中國人喜好吃野生動物，蛇蠍猛獸無不可化為精食美饌。病毒很可能就透過野生動物傳染到人身上。而大陸地區尤其是鄉下，醫療體系並不完備，生病了可能只以小感冒偏方應付一下，地方的小醫院也不見得知道這種新的病毒，於是開始蔓延。等到感染的人數日多且有死亡病例後，地方政府初期可能意識到問題的嚴重性，但因為政治因素，例如SARS爆發期間，北京又在開十六大，一方面怕丟官，一方面怕給中央惹麻煩，以致隱匿疫情至一發不可收拾。武漢的疫情也是一樣，八位民眾在網路上宣布時，還被當作散播不實信息被偵辦。地方官員怕事的心態而隱瞞疫情，使得疫情沒有在第一時間阻絕，更加迅速的擴散。

從這個近因看來，兩次疫情在中國大陸廣東、武漢地區爆發，又無法在第一時間控制而向外蔓延，是相當有理由的。佛家的觀點，凡事有因必有果，「種瓜得瓜，種豆得豆」，種黃瓜不會得土豆，除非中間的助緣改變了，例如以接枝法在瓜藤上接上豆苗，其結的果可能會改變，否則因果是不會改變的。

台灣SARS疫情蔓延得如此嚴重當然也是有原因的。近因就是處理不當，和平醫院一開始感染時沒有阻絕，這牽涉到醫政人員平日處事的態度，可能是和平的延誤通報，可能是衛生局的作業疏失，加上防護設備不足、追蹤無力等助緣，才使疫情一下蔓延開來。而平日就不甘寂寞的政治人物，小小事情就打口水戰打個不休，瘟疫來時，正好有個大的話題可以抒發胸中的萬點墨汁，於是大量的口水助勢，疫情焉有不擴散的道理！還好有了這次經驗，武漢疫情在台灣的控制情況比SARS好多了。

瘟疫的爆發和蔓延也有其遠因。《楞嚴經》說：「諸法所生，唯心所現，一切因果，世界微塵，因心成體。」所有的物質都是因心成體，也就是「萬法唯心造」。當一個建築師心中有了構想，一棟嶄新的大樓從地而起，一張桌子、一張椅子莫不是木匠心中先起了影像，才據以成形的。家中的裝潢和擺設也是主人心中所化現的。微塵、病菌自然也是因心成體，為什麼會有這樣的病菌呢？因為有人起了這樣的心念！它可能是人造的病毒，也可能是因人心念的感召而成體。共濟會就曾被影射是有心控制世界的團體，他們在內部的會議中也預示會以生化戰、細菌戰對付中國的崛起，意圖透過病毒的擴散減少人口。

台灣在近三十年來，由於主政者的心念影響到整個政治和社會風氣，間接使得台灣的氣場渾濁。政治人物只講權力不講是非，主政者只有權謀，沒有心心念念為民眾，這種僥倖粗糙的政治手腕為政治帶來混亂；經濟上也帶動了不良風習，善於鑽營者一時之間成為商場上的強梁，躍為紅頂商人，周旋於政商之間，壞亂了整體經濟和金融秩序；更是直接影響到社會價值，年輕人不再談什麼溫良恭儉讓，社會上每天都有變態殺人掠財的惡行。人和人之間不再是一種溫暖的互動，代之以冷漠、自保、仇視的心態。尤其是二〇二〇的大選，更衍生為世代之間的衝突，雙方的價值觀念形成了一條巨溝。

人畢竟不是單獨生存於此法界中，法界還有六道眾生，欲界眾生所處的環境是五趣雜居地，地獄、惡鬼、畜生、人、天，合稱五趣，下起地獄上至他化自在天眾生皆屬之，彼此間雖不同道卻能同感互應。當人們把氣場弄得混濁時，不僅陽界不安，冥界和天界都難以苟同，傳統上常說「遭到天譴」、「老天難容」，從另一個角度看，天災地變的成因就是天地不安的一種反應。這是人類共業引發他道眾生的一種反撲。不善的共業、不善的同心感召不善的果報，冠狀病毒的遠因由此而來。如果是人造的病毒，就更顯得人心的貪婪和惡毒，人類為了掠奪或獨享地球資源，甚至為了統治世界，竟然採取如此卑劣的手段狙殺其他種族，以成全自我之私，更說明了病毒是「因心成體」的事實。

在這次新型冠狀病毒肺炎蔓延期間，網路上許多文章瘋傳，其中有一篇〈一名修練人士與病毒的對話〉發人深省。病毒說：「因為你們太過自大，認為世界全物種都是你們的食物，你可知道，每個物種都有他們生存的意義，你們這樣毫無節制的濫殺，你可想而知，這是多大的因果關係？這可是要償還的。人們生病基本上來說百分之百都是業力病，不管先天還是後天，都無法避免。一旦生病了，還是不斷的往外求，從不會真正向內反省，你是怎樣對待身體的，你是如何無情的對待他種的。而貪心、口腹之欲，才是你們真正的禍根源頭。生病了，正好是機會來了，讓你們可以好好反省自己。」

病毒還說：「解決問題源頭，不是計畫抵抗我們，更不是研究我們從哪裡來。若可以好好管好你們的口和心，並戒掉那可怕且毫無節制的殺心和口腹之欲，你們的業力才會慢慢被你們的心存善心而化解開來。」、「所以你們真正能做的，就是保持身心和諧，遵循氣的根本就是心平氣和，而真正的養身之道就是養心，控制好你那顆唯恐不亂的心。唯有把心養好，你內在和諧了，外在一切就和諧。」其實，這病毒說的話完全合乎佛法的義理。

在《起世因本經》〈劫住品〉中說：「但彼時中，如法人輩，以其過去無十善業勝果報故，致令非人放於災氣行諸癘疫，於中多有人輩命終。又諸比丘，於彼疾病三摩耶中，復有他方世界非人，來爲此等，作疫病故。何以故？以放逸故，行放逸行，亦復與其惡相觸故，惱亂其心，奪彼威力，於中多有薄福之人，得病命終。」由此可知，癘疫是因為沒有行十善業的果報，此外還有他道眾生非人等來此作疫病，有些人因為與它的惡相應而感染，福薄的人因此喪命。

這種說法一般人可能會認為是怪力亂神，但是歷劫以來的聖者，了悟宇宙萬法真理的人，他們都持這樣的觀點，一個稍有慧根或善根的人，如果能夠深刻的觀照因果，也會認同這樣的道理。從這裡可以了解，SARS和新冠炎疫情在台灣的蔓延絕非偶然的。在歷史上，中國的帝王都十分相信天災人禍等異象都是由於自己的德行出了差錯所致，而會舉辦各種封禪、祭祀、消災的儀式。

《漢書》上記載，漢元帝初即位，是時有日蝕地震之變，皇帝立即問群臣政治上的得失，博士給事中匡衡上疏說：「朝有變色之言，則下有爭鬥之患；上有自專之士，則下有不讓之人；上有克勝之佐，則下有傷害之心；上有好利之臣，則下有竊盜之民，此其本也。由此觀之，治天下者審所尚而已，今知偽薄忮害不讓極矣。臣聞教化之流，非家至人說之也，賢者在位，能者佈職，在朝廷崇禮，百僚敬讓，道德之行由內及外，自近者始，然後民知所法，遷善日進而不自知，是以百姓安，陰陽和，神靈應而嘉祥見。」

明太祖洪武九年秋九月，五星紊度，皇帝詔告天下求直言，葉居昇上書直陳：「蓋天下之治亂，氣化之轉移，人心之趨向，皆非一朝一夕之故。求治之道莫先於正風俗，正風俗之道莫先於使守令知所務，使守令知所務莫先於使風憲知所重，使風憲知所重莫先於朝廷知所向。」

但是現在只要發生天災地變，都把責任推給別人，不是怨天就是尤人，沒有一個政治人物會自我反省，或是提出好的建議，更不可能會把這種事的原因歸咎於朝綱敗壞或是人心的物化上。不過，二〇〇三年ＳＡＲＳ疫情嚴重，民間倒是發起了齋戒月的活動，尤其是宗教團體，他們深知殺業是導致刀兵疫病劫難的原因，唯有止住殺業，才有可能遏止災難的持續。新型冠狀病毒肺炎期間，只有宗教團體對大陸送口罩，沒有人發起齋戒的活動。

南北朝的時候，有一個高僧求那跋陀羅駐錫京師祈洹寺，他是印度罽賓國的王族，宋文帝元嘉八年來到建業，文帝請教他：「寡人想持素，並不於非時食，而且禁止殺生，但是我身為一國之君，掌理大政，有諸多的限制，無法滿願，請教大師該怎麼做？」

跋陀羅大師說：「帝王所修的方法和平民百姓是不一樣的，帝王以四海為家，萬民為子，只要口出一句仁德的嘉言，全國上下都會歡欣鼓舞；行一仁政，人神都會高興而隨順。雖然用刑但不濫殺生命，雖有徵役而不壓榨人民的勞力，那麼就風調雨順、寒暑適切、百穀茂盛了。這樣的齋戒才是大齋戒、大功德呀！哪裡是放棄吃半餐的飯，保全一隻野獸的生命，才算是慈悲呢？」

文帝拍案感嘆道：「世人對佛理迷惑不清，無從信奉；出家人又多拘泥於出世法而疏於圓通教化，大師所言，實在是一個開悟明達、解行通天人之際的高僧啊！」

SARS疫情高升的時候，許多政府官員也都從善如流吃素持齋，新型冠狀病毒肺炎時期，官員一樣噴口水，而且顯得氣量更狹窄，倒沒見哪個官員宣布要吃素。然而持齋的最主要目的在於淨化自己的心意，而不是單純的吃素，吃過素後又去和政敵對罵、去指摘別人的不是，那有什麼意義呢？跋摩大師的一席話對於政府官員更有一記棒喝的功效，「出一嘉言，布一善政」比吃素功德大多啦！

# 業的因果

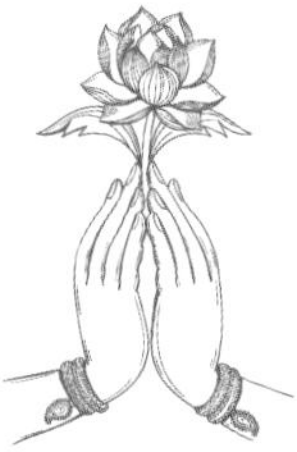

*Disease gives wisdom*

我們常聽到有人說「造業、造業」，但不明白什麼是真正的造業，業是什麼？我們總以為造業就是造孽，不是好事。我從事新聞工作，常聽到有人批評：「你怎麼在從事造業的工作？」佛法中對於業的觀念不是這麼籠統的。每一個行為、念頭都是業，也都有果報。

業可以分為善業、惡業、無記業。善業是因為善因的作為，導使人得到快樂或正面的後果；惡業是因為惡因的作為，導使人得到痛苦或是負面的後果；無記業也就是不善不惡業，因為它的因非善非惡，導使人得到非苦非樂的中性後果。

一個業行的形成包括幾個階段，從起念、行動到行動過後對於業行的完成都有影響，例如動個搶劫的念頭，這是個惡念，緊接著是行動，在行動的過程是否造了殺業，最後是行動之後得手了沒？後悔了沒？業報就像是法官審案一般，從動機到犯案之後的悔意，都會影響到刑度的輕重，業報則是根據因果律則而運作，根據他的起念、執行到完成的強度，所造的業強，果報亦強。業行也是一種合成的，因此當我們起一個念頭時，可以觀照它是不是有正面的或是善的動機，這個動機強不強，執行的時候是不是有強烈的情緒或是全心全力，如果是善業，在執行之後是不是有將此善業迴向一切有情，如果是惡業，是不是有良心上的痛苦和悔意，這些念頭都會直接影響到果報。

業必須有造作者，人造作業的方式有兩種形式：一是思業，一是思已業。思業是指還在動念頭、未付諸執行的業，思已業是指念頭已經結束了且付諸行動的業。從人體身口意的媒介來看，思業指的就是一般常說的意業，思已業就是指身業和口業。我們常聽人說到：「不要再造口業了。」可以理解不要再罵人了，知道口是一個造業的媒介，但造口業不一定是壞的，說好話、愛語則是善業了。身業容易理解，指身體所造作的行為。至於意業則一般人較不能理解，光是動念頭也會招到果報嗎？

在佛教中有所謂十不善業，這十不善業分別是——身業有三：殺生、偷盜、邪淫；口業有四：妄語、兩舌、惡口、綺語；意業有三：貪欲、瞋恚、邪見。一個佛教行者要盡可能遠離這十不善業，也就是相對的行十善業，在《佛說十善業道經》中佛陀對龍王說法：「龍王，當知菩薩有一法，能斷一切諸惡道苦。何等為一？謂於晝夜，常念思惟觀察善法，令諸善法念念增長，不容毫分不善間雜，是即能令諸惡永斷，善法圓滿，常得親近諸佛菩薩及餘聖眾。言善法者，謂人天身、聲聞菩提、獨覺菩提、無上菩提，皆以此法，以為根本，而得成就，故名善法。此法即是十善道業。何等為十？謂能永離殺生、偷盜、邪行、妄語、兩舌、惡口、綺語、貪欲、瞋恚、邪見。」以一句話涵蓋就是：「諸惡莫作，眾善奉行，自淨其意。」這就是佛陀所教誨的了。

唐朝元和年中，白居易出守杭州，入山禮謁鳥窠禪師，問如何是佛法大意？禪師答說：「諸惡莫作，眾善奉行。」白居易說：「三歲小孩也知道這麼說。」鳥窠禪師說：「三歲小孩道得，八十老人行不得。」說來容易做來難。今天會有這樣的結果就是過去種下的因，「欲知前世因，今生受者是；欲知來世果，今生作者是。」生病也是一種業染，生何種病必定是因為造下何種因；傳染病的流行也一樣，它是由於集體造下一個共同的業因所集結而成的果。

《那先比丘經》中，舍竭國的國王彌蘭陀問那先比丘：「尊者，究竟是什麼緣故，世人都生得不同。有的長壽、有的夭折，有的健康、有的多病，有的貌美、有的醜陋，有的強壯、有的羸弱，有的富貴、有的卑賤，有的聰明、有的愚蠢？」那先反問彌蘭陀王：「陛下，一樣叫果物的有很多，為什麼其中有的酸、有的甜、有的苦、有的鹹、有的辛、有的澀？」

彌蘭陀王說：「尊者，那是因為所栽種的種子不同，後天的調理照顧有各有異呀！」那先說：「陛下，人也是一樣呀！人因宿昔所造的業因不同，他所結的業果也不同，因此有的人長壽有的人夭折，有的人健康有的人多病，有的人貌美有的人醜陋。陛下，佛陀說過，隨個人所作的善惡業，當得到相應的果報，人之所以有貧富貴賤等等的不同，這些都是前世所造的業感所致。」彌蘭陀王聽了後連聲讚嘆：「善哉！善哉！」

由於因果律而有所謂的業，業就是指人所造作的行為及其果報。瘟疫的產生，佛教徒會從業的觀點來看待，它是由於某種行為的造作產生的結果。對一個修行者而言，意業才是最重要的，身口清淨並不難，意要清淨那是屬於修行非常細微的部分。《地藏經》說：「閻浮提眾生，舉心動念，無不是業，無不是罪。」因為人的根本習氣是貪瞋痴，動的念頭都不離這三種層次。修行人必須觀照到意業是否清淨，包括在作夢的時候。作夢對一般人而言是昏沉中念頭的流動，對修行人而言，仍屬自己動念的範圍，白天似乎修得很清淨，晚上作夢時吃肉喝酒，代表自己的潛意識中還有這些念頭，隨時可能發為行動，如果這一點不能突破，也就是意業不清淨，代表這些修行尚未過關。業的清淨是指身口意三業都清淨，而且貪瞋痴的習氣必須斷除。

# 共業與別業

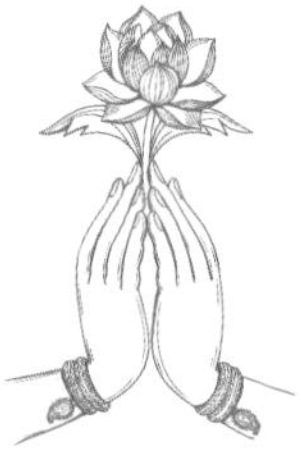

Disease gives wisdom

對於社會上發生的一些災難，我們也常聽到人說：「那是共業呀！」共業是集體意識所造作下的行為，它產生集體受報的後果。個人所造的業在集體生活中也會因為不同的動機、行為的強弱和悔意而產生別業。別業是相對於共業而說的。

一九九九年台灣發生九二一大地震，死亡人數超過二千。這對台灣而言是一次大災難，逢此巨變，有人流離失所、有人家庭破碎、有人歷經最悲悽的喪親之痛。這是一種怎樣的災難呢？有人說這是改朝換代的徵兆，因為天象對於重大的人事會先感應。過去在中部地區的人都相信，要改朝換代時濁水溪的水會自清。歷史上奇特的天象和天災，皇帝都認為是異象，必有大事要發生，而會徵詢史家的意見，史家也多能根據這些異象歸納出一個道理來。

二〇〇一年美國發生九一一事件，紐約的雙子星大樓被恐怖分子以民航客機衝撞而從平地消失，死亡超過三千人。這樣的災難又是怎樣的因果呢？人禍比較有跡可循，天災則難以追索。但是仔細追溯還是可以找到原因的。九一一事件發生的原因就是因為美國對阿拉伯世界的政策，長期以來偏袒以色列，加上宗教信仰和石油利益的關係，成為一種敵對乃至於世仇的關係。小布希上台後的政策更是激怒了阿拉伯世界尤其是親伊拉克的怒火，既然沒有能力和美國明著打，只好藉著恐怖活動暗著來，九一一事件就這樣發生了，今天沒有賓拉登，明天還是會有一個登拉賓，為什麼？業果已經成熟了。川普的中東政策也是偏袒以色列，一樣會激起巴勒斯坦的反彈；美國斬首伊朗的蘇萊曼尼，遲早會激起伊朗的反撲。這些都是慢慢種下的因，日後必然會有業果。

那麼九二一大地震應該是天災了，不能歸咎於人禍了吧？地震不能說完全是人為因素，但人與大自然有一種共感的效應，就像我們住家庭院的花草樹木，你如果天天澆水，用愛心去照料它，它自然長得茂盛，你如果對它不理不踩，它當然是蔓草叢生。九二一大地震很顯然地是大自然的反撲。

台灣人不知愛惜山林，不知道如何與大自然共處，以至山坡地過度開發的現象到處都是。南投一帶氣候佳空氣好，被視為是居家和修行的好地方，尤其埔里的寺廟特多，當然濫墾濫建的情況也很多。改變地形地貌的結果很容易引起山崩，一旦地震發生，自然是造成更大規模的變動，地面上的建築物遭到破壞的程度相對加大。震央以外的其他地區像是台中、台北縣市也都有大樓倒塌，造成死傷人數的增加，這些大樓的倒塌根本是人為因素，不是偷工減料，就是當初把非建地變更為建地蓋大樓，地基不穩固，地震時承受不住搖撼而倒塌。

不論是天災還是人禍，它是共業衍生的結果，只是在共業中，由於不同的業因，而有不同的業報，這是別業。在同一事件中，有些人離開人世，有些人卻能奇蹟式的存活。從佛教的觀點看，空難中倖免於難的人不是僥倖，必有他的因緣，一般說他福報很大，但從業的觀點看，是他過去所造作的行為尚沒有達到罹難的果報。感染疫病也是同樣的道理，所以佛家常教人要心存善念，因為有善念才會發為善行，才會得到好的果報。

經常有人感嘆，為什麼這麼好的人，一輩子都行善的人卻會得到類似車禍、空難的果報？而作惡多端的人能夠獲得各種享受，且死時平靜安祥？在佛家的觀念中，業因和果報不是一世了結的事，要等到業果的因緣成熟了，業報才現前，有些是現世報，有些則是來世報。積德行善的人橫死，是因為過去生中種下橫死的業因，作惡多端的人享福，是因為過去生中種下福德的業因，今生來報。所謂：「善有善報，惡有惡報；不是不報，時辰未到。」所以佛家勸人要修行，超脫三界，就可以遠離災厄與輪迴之苦。

佛陀大弟子神通第一的目犍連尊者，一天夜裡在恆河岸邊靜坐，看到許多餓鬼前來取水解渴，眾鬼見是個修行者乃向他問自己的業果因緣。第一個問道：「我常患飢渴，見到恆河的水味清涼，但取食時水卻沸騰，飲上一口，五臟六腑頓時燒焦，不知前生造何惡業受此果報？」目犍連說：「你前世以替人看相算命為業，隨心毀譽別人，錯說因果，言多欺騙，故受此報。」第二個問道：「我的身體常被凶猛的大狗啖食，肉吃盡時，風吹又生，不知為何受此業報？」目犍連說：「因你前世屠殺雞鴨豬羊，受此果報。」第三個問道：「我腹如甕，咽喉和四肢細如針尖，見到飲食，飢餓卻不能進食，不知為何受此業報？」目犍連說：「你前世為官，自恃豪強，欺壓善良，剝削民脂民膏，故受此報。」第四個問道：「我頭大如斗，全身長滿口舌，時時從口舌中流血如注，命若游絲，不知因何受此業報？」目犍連說：「你前世喜歡說長道短，論人是非，挑撥離間，惡口傷人，故受此報。」如是因，如是果，業報彰彰，絲毫不爽。

就算是修行到神通第一的目犍連也難敵業熟的果報。有一次一群裸形外道徒眾聚會討論為什麼佛陀的布施和榮耀這麼多，結論是目犍連尊者告訴人家因緣果報的道理，大家相信他，因此敬重佛陀，他們做成一個提案，殺了目犍連就可以把布施和榮耀轉到他們身上。大家同意後出錢請了幾個殺人的剪徑賊，前去目犍連家中刺殺他。因為目犍連神通廣大，雖然他的房子被包圍，但是第一次他從鑰匙孔中鑽出去，第二次他穿破屋頂飛入空中遁去，第三次他知道業果成熟，無法逃脫，他束手就縛，剪徑賊將他打得骨頭碎裂如米粒。

他進入禪定以神足通會見世尊，告訴佛陀他將要入涅槃了，佛陀允許後，他飛入空中顯示種種神通，為佛陀念誦了法教，向世尊頂禮後，到黑巖的森林中入滅去了。他被剪徑賊謀害的消息傳遍了全國，阿闍世國王逮捕了五百裸形外道以及五百剪徑賊，將他們埋在坑裡用火燒了。

比丘們也談論著這件事，認為大目犍連死得不值得，乃問世尊他是何因緣如此被撲殺，佛陀說：「目犍連的死和他這一生的行儀來說是不相稱的，但是和他前生的業卻是相稱的。」佛陀說了一段他前生因為聽從妻子的閒話，對父母不孝。一天他騙他的雙親出門，將他兩人安置在牛車上，載他們到樹林中，自己先離開，再假扮剪徑賊叫喊攻擊雙親，並撲殺了父母。因為造了這樣的業受到這樣的報，業果是相稱的。而裸形外道和剪徑賊也算死得其所，因為他們殺了阿羅漢。目犍連的這段因果說明了神通難敵業力，業果成熟了就要受報，神通再大也無能為力。

因此人必須相信業報，「菩薩畏因，眾生畏果」，一般人要到果報現前了，才感到害怕，知道自己過去所作所為的業果成熟了、後悔了、下次不敢了。但是菩薩在行為還沒有造作時，甚至是念頭才起時，就已經想到果報了。

# 病苦的業因

*Disease gives wisdom*

生病當然是有業因，身體的好壞其成因可以分為先天和後天。先天的條件與基因有關，基因來自於父母，每個人和父母的因緣甚深，會接受父母的基因和過去生所造作的業行有關，這個業行種下了與父母的因緣，今生結為父母子女情。

至於後天的條件而言，牽涉的因素很多，有生長的環境、作息的慣性、運動和飲食習慣、成長過程的心理影響等等，甚至一些意外事件造成的傷害，都會影響到我們的健康，這些也就是病苦的因。

《大智度論》談到人致病的原因：「病有兩種。先世行業報故，得種種病；今世冷熱風發故，亦得種種病。今世病有兩種，一者內病，五臟不調結堅宿疹；二者外病，奔車逸馬堆壓墜落，兵刃刀杖種種諸病。問曰：以何因緣得病？答曰：先世好行鞭杖拷掠閉繫種種惱故。今世得病，現世病不知將身、飲食不節、臥起無常，以是故得種種諸病。如是有四百四病。」

人的病因有兩種，一是前世業報病，即一般所謂的業障病，一是現世失調病，有內傷和外傷。業障病通常較難醫治，像癌症、嚴重的慢性病都屬業障病。《灌頂經》說：「其世間人萎黃之病，困篤著床求生不得、求死不得、拷楚萬端，此病人者或其前世造作惡業罪過所招、殃咎所引，故使然也。」

而內病主要是因為四大不調，《佛說佛醫經》指出：「人身中本有四病，一者地，二者水，三者火，四者風。風增氣起，火增熱起，水增寒起，土增力起。」地大增長時身體感覺沉重，水大增長時就會涕唾乖常，火大增長時頭胸悶熱，風大增長時氣息不順。

《大智度論》說人的心病有八萬四千種，都是由貪瞋痴等分四個根本原因所造成：「般若波羅密亦能除八萬四千病。根本四病貪瞋痴等分，婬欲病分二萬一千，瞋恚病分二萬一千，愚痴病分二萬一千，等分病分二萬一千。」在佛教經論中也解釋道：「夫人有二病：一者身病，所謂地大百一，水大百一，火大百一，風大百一，以上四百四病。二者心病，所謂三毒乃至八萬四千病，此病二天、三仙之六師等亦難治，何況神農、黃帝等方無所及乎？又心病重重分淺深、勝劣。」

西藏著名的《四部醫典》認為一切身心的疾病的根源是對於「我」的執著。由貪引起風大或能量不調和，一般集中在下半身，屬寒性；由瞋引起膽汁不調和，一般集中在上半身，屬熱性；由痴引起黏液不調和，一般集中在頭部，屬寒性。

在《佛說業報差別經》談到人之所以多病的業因：「復有十業能令眾生得多病報：一者，好喜打拍一切眾生。二者，勸他令打。三者，讚嘆打法。四者，見打歡喜。五者，惱亂父母，令心憂惱。六者，惱亂賢聖。七者，見怨病苦，心大歡喜。八者，見怨病癒，心生不樂。九者，於怨病所，與非治療。十者，宿食不消，而復更食。以是十業，得多病報。」

在修行者看來，一個人致病的根本原因在貪瞋痴三毒。一個脾氣火爆動不動就暴跳如雷的人，很容易得高血壓、心臟病，這是瞋心引起的身心不調；貪杯好酒的人易得肝病、縱情聲色的人易得腎病，這是貪心引起的身心不調。一般人隨順惡因緣，喜好酬酢，或喝酒無度、或熬夜打牌，導致身體耗損，這是無明引起的身心病症。

再細微的觀照，貪瞋痴本身就是毒素，因為它是造業的根、是輪迴的因，貪瞋痴可以再合併成一個毒——就是「有我」和「我所有」的感覺。因為有我和我所有而產生貪愛、占有、忌妒、瞋恨、憤怒等諸種情緒，這是一切煩惱和致病的起因。

我們一直認為生老病死就是苦，其實它們只是苦的載具而已，如果不執著「有我」和「我所有」，就沒有苦。所以修行者努力的方向就是要息滅最微細的三毒，阿羅漢息滅貪瞋痴之後，不再有苦和煩惱，身心自在，無罣無礙。

很多人不相信業的因果，近年來因為醫學界以催眠的方式證實前世今生的關聯性，一時三世因果之說成為顯學，在中國的古籍中類似的記載不勝枚舉。江西省修水縣誌裡記載一段故事：宋朝的文學家黃庭堅，人稱山谷先生，他在二十六歲的時候中進士，朝廷命他為黃州的知州。有一天午睡，做夢走出州衙來到一處鄉間，看到一個滿頭白髮的老婆婆，站在家門外的香案前，桌上供著一碗芹菜麵，口中喊著一個女子的名字，山谷先生走上前去，看那碗麵熱氣騰騰，不自覺便端起來吃了，吃完回衙，一覺醒來，夢境依稀，口中似還留有芹菜香味。

第二天午睡又做如前一天一樣的夢，於是大感訝異，遂起身步出州衙，循著夢中的道路找去，走到一家門外叩門，開門的正是夢中的老婆婆，問她是否有在門外喊人吃麵的事，老婆婆說：「昨天是我女兒的忌日，因為她生前喜歡吃芹菜麵，所以我在門外喊她吃麵，每年的忌辰我都是這樣喊她的。」山谷問說：「妳的女兒死去多久了？」「二十六年了。」山谷心想自己正好是二十六歲，而昨天也正是自己的生辰。

山谷問及她女兒生前的情形，老婆婆說：「我就這麼個女兒，她生前喜歡讀書，吃齋信佛，不肯嫁人，二十六歲的時候生病死了，死時說她還要回來呢！」山谷先生要求看一下她的閨房，走進房裡除了臥床桌椅之外，牆邊有一個櫃子還鎖著，山谷問：「裡面是什麼？」「全是她的書。」「可以開嗎？」「鑰匙不知放哪兒了，一直以來都沒開過。」山谷想了一下便告訴老婆婆鑰匙可能放在什麼地方，果然找出鑰匙，打開書櫃，看到許多手稿，細閱之下，原來每次試卷的文章都在這兒，這時山谷恍然大悟，這正是他前世的家，老婆婆是他的母親，於是他跪拜在地，說明自己就是她女兒的轉世。於是把老婆婆帶回州衙奉養終生。

黃山谷在州衙後園建有一亭，名為「滴翠軒」，亭中有自己的石刻像，他自題像贊曰：「似僧有髮，似俗脫塵；作夢中夢，悟身外身。」明朝進士袁枚說過：「書到今生讀已遲」講的就是黃庭堅的故事。可見有些悟性高的人，不但可以憶起前生的往事，還可以接續過去所學，精益求精，對於因緣業果，尤其是病痛的緣由，又豈能不信？

# Chapter 2

# 生命中的病苦

# 病苦的經驗

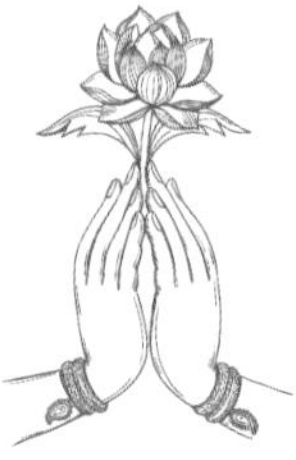

Disease gives wisdom

每個人都有生病的經驗，小病使人無精打采，大病令人痛不欲生。健康的時候不覺得生病的苦痛，一旦有了病痛以後，才驚覺到人的身體機能本來圓滿具足，即使小小一根指頭長了個小膿疱，也會讓人痛徹心扉。至於得到癌症或是不治之症，則更是令人徬徨無措了。

我從小因為生長在農村，鄉下空氣好、水源乾淨、三餐準時、作息正常，所以小學時很少生病，記憶中只有七歲時得過一次麻疹，被關在媽媽的房中大約十天不能走出家門一步。鄉下對於類似的病都用的是傳統方法，不能吹到一點風，整個人被包紮得密密麻麻，雖然行動不自由，但吃得好睡得好，小孩不懂事，只知道那時父母對自己特別好，好過兄弟姊妹，覺得生病是一種幸福，有溫暖圍繞的美好感覺。

之後在小學二年級和五年級時各得過一次重感冒，只覺得食不下嚥，身體和腦袋瓜重得吊個大石頭也似，老師特別的溫柔，還會摸摸我的額頭，要我提早回家，別人上一天課，我中午就回家了。小學的時候生病，好像在朦朧的苦中帶著濃濃的幸福感。

國中以後搬到中壢，生活的環境變了、作息的方式也變了。也許是離開生長的地方，就像有些動植物搬遷之後水土不服一般，我每天早上起床後就開始噴嚏不斷、鼻水流個不停，一直到太陽出來以後才漸漸好些。但是只要打掃校園，呼吸到飛揚的塵土，又開始噴嚏不斷，接著就感冒了。

感冒雖然要不了小命，但總覺得是一種無有止期的痛苦，爾後，只要有流行性感冒，自己就無法苟免，平均起來似乎每兩個月就要感冒一次。感冒時病懨懨的，對所有事都提不起勁。尤其是上班以後，有自己份內應做的事，而且看醫生吃藥都要自己照料，生病不再有幸福的感覺。

上班以後，經常眼睛會不自覺得刺痛，曾經有一次因為眼壓高，痛苦難當，到醫院掛急診，醫師做了眼壓測試，整整做了兩個鐘頭，醫師診斷是青光眼，要我再安排一次時間做進一步的檢查，步出醫院後心想才三十出頭就得青光眼，哪有這種事？不過當時確實掛心了好幾天，怕家人擔心，怕自己失明。後來仔細思量眼壓高的原因，大部分時候都是在酒後或是熬夜後才會有類似的情況，於是改變作息，儘量不熬夜、儘量少喝酒，狀況果然改善，之後也不曾再去複檢，眼壓也比較少有升高的現象。

小時候有一個印象深刻的記憶，那時我才五歲，弟弟一歲多，因為感冒引發肺炎，鄉下地方沒有醫院，都用偏方醫治，我還記得家裡問過神明、問過祖先、請過乩童，到家中起了一整天的乩，弟弟喝過符水，病情沒有起色。有時候一咳上氣不接下氣，像斷了氣一般，媽媽跟著哭了起來，以為弟弟死了，後來又接上了氣。鄰居們好心提供了許多偏方，弟弟吃了許多藥草，我還看過媽媽餵他吞紅色的小蚯蚓，最後還是帶到城裡的醫院給治好的。還好，那時的肺炎不像現在的肺炎病毒這麼凶猛，否則鄉下醫院哪裡治得好。

弟弟得肺炎那一陣子，才感受到生病不是那樣的幸福，經常躲在屋角看大人們討論如何對付病症，七嘴八舌的拿出各樣法寶，把一個小小的生命擺弄，生怕弟弟痛、怕媽媽哭。現在回想起來，這病苦的本質，是會給自己帶來身體的傷痛，給親人帶來心理的煎熬。每個人都有病苦的經驗，身體的病症何止千百種，痛苦的程度不一，帶給家人的煎熬也不一。誠如老子所說：「吾之大患在吾有身」，人因為有身體才帶來痛苦，身體是個大患，但是沒有這個身體，生命又以何為依怙呢？有了健康的身子，生命又當何為呢？

病症有千百樣，痛起來折磨人也有千百樣，有些時候是身體的折磨、有些時候是心理的煎熬，有些時候是折磨自己、有些時候是折磨親人，病苦實在是一種難以捱過的經驗。小病有小病的憂愁、大病有大病的苦惱，如果是慢性病或是身體失去知覺的病，對家人更是一種難以承受的折磨。病苦是每個人都有過的經驗，只是程度不一樣而已。而傳染疫病的苦，更有親人被感染的恐懼，有死亡的陰影，造成整個社會的不安與動盪。

《佛說五母子經》中有一則故事。有一位大修行人在山中刻苦精進，證阿羅漢果。附近有一位七歲孩童，宿植善根，慧解早開，喜參大法，尋師訪道，找到阿羅漢，求作沙彌，奉師參道。八歲即得神通力，能返照宿世因緣。

一天他在靜坐時照見自己的宿世，不覺失笑起來，師問他何事可笑。他說：「笑我前世今生，曾經做過五個母親的兒子。母親都日夜為我操心，無時放捨，如今看到五母情痴，不禁失笑。」

「第一個母親生我的時候，鄰居家也生了一個兒子，不幸我早夭。我的母親見到鄰居的兒子學語、學笑、學步，心中就悲苦。心想如果我兒子還健在，現在也能學語、學笑、學步。鄰母歡喜時，就是我母悲傷時。第二個母親也是生我後不久，我就早夭。我母見人家幼兒飲乳，便觸動悲思，想著我長大是多麼的活潑可愛，不料只是春夢一場。」

「第三個母親生我，我在十歲的時候就死了，母親每到進食的時候就悲從中來，想著我兒若在，現在應該和我一同進食，其樂融融。不禁食難下嚥，傷痛逾恆。第四個母親生我，我也是在弱冠時就離開人世，鄰居小伴長大成人，娶妻生子，母親見了心想，我兒若在也應該娶妻生子，如今含飴弄孫何等暢快，不禁引以悲懷。」

「第五個母親生我，我在七歲時就入山學道，別離寡母。母親在家日夜啼哭，念著兒子在山學道，不知是否溫飽，遙遙歲月，不能相見。我依次身為五個母親的兒子，先後生離死別，惹起母親的無限哀痛。於我則來去自在，無有增減。世事情網，苦人縛人，悲歡離合，迷人累人，一至於此！我已休休，難灑同情之淚，母仍戀戀，作成一笑之因。」

寂天菩薩在《入菩薩行》中說：

雖如此日身無病，飲食支身暫未死；
年命剎那難保信，色身須臾如泡影。
若我即達如是理，由愚痴故行怯弱；
逮其臨欲命終時，必當心生大憂悔。

一般人在身體健康的時候，飲食具足，沒有病苦逼害等逆緣，從來不會想到病痛時候的苦惱，在病苦的時候，也沒有想到色身就像泡影一樣，剎那不住，迅速壞滅。等到臨命終時，必然是心生懊悔，但一切都已經來不及了。因此我們在健康的時候應該思維病苦的時候，病苦的時候思維死亡的時候。如此思維可以知道在健康的時候我們可以為自己、為他人做些什麼事。

如此宣說應修諸學處，如是思維應當勤奮修；
不聽醫言而欲求醫治，其疾能療古今所未有。

應該如此多方思維，並勤奮的修行。否則就好像不聽醫生的話卻想要把病治好一樣，那是不可能的。在禪宗《碧巖錄》裡有一段公案，有人問大龍和尚：「色身敗壞時，如何是堅固法身？」大龍和尚說：「山花開似錦，澗水湛如藍。」當一個人能全心對境，能所俱泯時，山河大地都是法身，能體會此身非我，本來無我，則所謂：「青青翠竹莫非般若，鬱鬱黃花盡皆法身。」

佛陀有個弟子阿那律，是佛陀的堂弟，後來隨佛陀出家。一次佛陀說法，阿那律打起瞌睡來，佛陀呵責他：「咄咄汝好睡，螺絲蚌蛤類，一睡一千年，不聞佛名字。」阿那律起大懺悔誓言：「從今後，盡形壽，不再睡眠。」

沒多久，阿那律因為睡眠不足患了眼疾，佛陀知道後勸慰他：「眼以睡眠為食，涅槃以不放逸為食，你應睡眠保護眼睛。」並請名醫為他治療，但阿那律因為發了誓，仍然不肯睡眠，終於瞎了。

佛陀對他眼瞎一事十分憐憫，教他修習金剛照明三昧，不久獲得天眼通。所以，再困難的疾病都是可以順應因緣醫治的。一次阿那律十分得意的對舍利弗說：「我的清淨天眼可以看見三千大千世界，我的身體可以在廣闊的天空自由飛翔，我的不動正念離染去執。」

舍利弗批評他：「你說你的天眼可以見三千大千世界，這是我慢心；你說你的身體可以自由飛翔，這是掉舉心；你說你的不動正念離染去執，這是狂妄心。有這三心的人不能離煩惱得解脫。」於是此後阿那律不再提他的證境。

每個人都有生病的經驗，生病時如果能深觀致病的因緣，體會人生悲歡離合的苦惱，為自己的生命尋找一條路徑，則生病未嘗不是好事。

在《大乘稻稈經》中，舍利子向彌勒菩薩問法，舍利子說，佛陀曾經開示過：「諸比丘！若見因緣，彼即見法；若見於法，即能見佛。」舍利子問：「佛陀為什麼這樣說？什麼是因緣？什麼是法？什麼是佛？為什麼說見到因緣就見到法？見到法就見到佛？」

彌勒菩薩就分別說明了何者是因緣、何者為法、何者為佛。所謂因緣者，此有故彼有，此生故彼生；所謂法就是八聖道；所謂佛就是知一切法者。因緣法分為外因緣法和內因緣法，又由於因相應和緣相應，生出種種心法和事相。如果我們也能夠依照彌勒菩薩的方法，藉由生病深觀因緣的起滅，也可以見法，可以見佛。

# 三苦與八苦

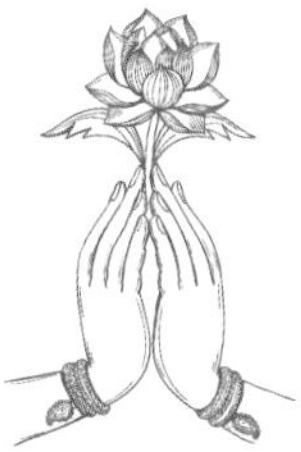


生命中有很多的苦，依照佛家的說法，苦的本質有三種：苦苦、壞苦和行苦。所謂「苦苦」就是說肉體的痛是一種苦，生病就是典型的苦苦。「壞苦」則是指無常所帶來的壞滅，也會引起人們的痛苦，失戀和死亡就是一種壞苦。「行苦」是說一切造作的業都是苦的，因為它是有漏的，起因於無明，雖然有一時的快樂，但跟隨而來的是痛苦，它不是究竟的安樂，例如戀愛，似乎很快樂，但它的本質是苦的，輪迴也是一種行苦。

佛家還說人生有八苦，這是指苦的大致種類有八項，即：生、老、病、死苦，愛別離、怨憎會、求不得、五陰熾盛苦。生老病死之苦是輪迴的根本，也是苦苦的四種形式，一般人都知之甚詳。生命的誕生和死亡都是一種痛苦，人的誕生從母親的子宮口擠出來時，那種痛，親子雙方都共同經驗，母親呼天搶地和嬰兒哇哇啼哭，都說明了這種人間至痛。人在死亡的時候，歷經四大離散，地溶於水、水溶於火、火溶於風，骨頭漸重、四肢無力、風喘無息，乃至陷入昏沉卒至肉體壞死，其痛不可言諭。

「愛別離苦」是指和至親至愛別離時的痛苦。男女朋友要離別的那一刻，真真是難分難捨，比割去心頭一塊肉都還痛苦，兩地分隔時更是難忍難受，還好現代社會電話、手機如此發達，還有電傳視訊可以在手機上看到對方的影像，但還是有無法觸摸對方的痛苦。親人死亡更是痛苦難當，因為已知道不可能再見到對方，那是一種絕望的痛苦。

「怨憎會苦」也是一般人常有的經驗，越是不喜歡的人越是常在身旁圍繞，所謂「不是冤家不聚頭」。和自己互動最頻繁的同事、長官似乎都和自己有仇，為什麼那些好同事、好長官都和我無緣？許多夫妻也是一樣，似乎此生就是結怨而來，有一句話常被掛在嘴邊：「上輩子欠他的」、「這輩子我是來還債的」，這句話道盡了怨憎會苦的無奈。

「求不得苦」是指因追求不到而產生的痛苦，求名、求利、求美人，是天下男人的共同目標，求美、求青春永駐、求嫁個高富帥，是天下女人的目標，但是幾個人能如願呢？年輕時只求當個科長就滿足，當上科長以後想當處長，當上處長以後想當次長，當上次長以後想當部長，但是能有幾個部長的位子？初出社會只求賺個一百萬，賺一百萬之後想賺五百萬。這種追逐是永無止盡的，到手以後獲得短暫的滿足，隨即又往新的目標再埋頭苦幹，生命就在追逐空幻的數字和職稱中虛耗，年華漸漸老去。

「五陰熾盛苦」是指五種能引人執著的組合體，也就是所謂的五蘊，因為它不停的變遷流動，造成身心的焦躁，這是一種苦。五蘊的第一組是「色蘊」，也就是物質的組合，指我們身體的四大，一般說色身即是。

第二組是「受蘊」，也就是感覺的組合，由於六根（眼、耳、鼻、舌、身、意）與六塵（色、聲、香、味、觸、法）相應而產生愉快的、不愉快的、中性的覺受，愉快的就心生貪愛、不愉快的就心生瞋恨，這也是人煩惱的根源。

第三組是「想蘊」，也就是識別的組合，六根對六塵，產生種種的分別，好的壞的、黑的白的、長的扁的，煩惱也因為分別心而起。禪宗三祖僧璨的《信心銘》起首就說：「至道無難，唯嫌揀擇；但莫憎愛，洞然明白。」大道沒有什麼難的，就怕你在那兒挑三揀四，如能不起任何愛憎分別之心，你就明明白白了。

第四組是「行蘊」，也就是心所的組合，由於心的造作，指揮心所活動，而有各種善業、惡業和無記業。在唯識學派有關「心所有法」的解釋十分詳細，共有五十一種（遍行五、別境五、善十一、煩惱六、隨煩惱二十、不定四）。

第五組是「識蘊」，也就是知覺的組合，它是對於某一種存在事物的察覺。眼根接觸顏色的時候，眼識就生起，耳根接觸聲音的時候，耳識就生起，識蘊是依色、受、想、行四蘊而生起，當因緣消散的時候，識蘊就地滅。五蘊無常，例如念頭的閃動，剎那變遷。佛陀說：「五取蘊即是苦」，這五蘊和合之身即是眾生，眾生受到五蘊的宰制而煩惱痛苦。

佛陀說眾生所處的世界是五濁惡世，五濁是指五種不清淨：劫濁、見濁、眾生濁、煩惱濁、命濁。劫濁是說我們所處的娑婆世界有大劫、中劫、小劫等種種災難，讓人不得安樂；見濁是指人有五種不正見，包括：我見、邊見、戒取見、見取見、邪見，諸多錯誤的見解讓人不得自在；眾生濁是說眾生在六道中輪迴身受種種苦，不得解脫；煩惱濁是說人有貪瞋痴慢疑等五種根本煩惱，不得清淨；命濁指的是人有壽命的限制，一年四季陰晴冷暖不定，命在呼吸之間。而這五濁惡世卻還是個堪忍世界，也就是還可以忍受的世界，所以人要超脫這五種不清淨就必須修行，出脫三界火宅之苦。

# 佛陀的行證

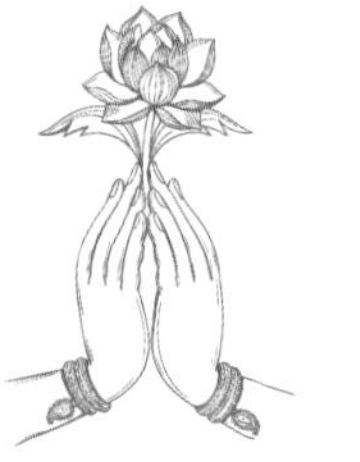

Disease gives wisdom

二千五百年前出生於印度迦毗羅衛國淨飯王的太子悉達多，出生時現種種瑞相，有一個仙人阿私陀預言他會出家成佛，淨飯王怕他出家不繼承王位，把他養在深宮中，給他選了一位德貌雙全的妻子耶輸陀羅，到了十九歲時很想出遊，徵得父王的同意，由一批大臣宮女陪同遊四門。

首先來到東門，他看到一位白髮披肩、滿面皺紋的老人，骨瘦如材、步履維艱，太子好奇的問說：「他是什麼人呀？」侍臣說：「這是老人！」太子觸景傷情，感嘆人間有老苦。第二次出遊來到南門，太子碰到一個病人躺在路旁，痛苦呻吟，太子又問：「這是什麼人呀？」侍臣說：「這是病人！」悉達多對於病苦感同身受，無心再遊，回宮而去。

第三次出遊來到西門，太子看到一簇人抬著一具死屍，隨行的親人痛哭流涕，太子問說：「這是什麼人呀？」侍臣說：「這是死人！」悉達多有感於生命的有限，以及人死後四大離散、膿血流溢的慘狀。第四次出遊來到北門，迎面來了一位相貌堂堂的沙門，身披袈裟，一手持缽、一手拿著錫杖，神態安祥的走過。太子心生歡喜，問說：「你是什麼人呀？」沙門說：「我是比丘。」「比丘是做什麼的？」「我是出家求道的人，目的在解決人生的生老病死苦。」這正是悉達多心中想要解決的疑惑，不禁百感交集，一方面是累世修行的因緣啟動，一方面是還身在紅塵之中不得出離。經上說太子所見這四門景象的人都是淨居天人的化現，目的在提醒悉達多修行的因緣。

由於宿昔的願力，悉達多終於在深夜裡趁著眾人熟睡時出走，在四天王和淨居天人的護持下離開王宮，來到雪山，開始了他的修行之旅，這就是著名的「大出離」。出離心是佛教中很重要的一個門檻，一個有心向道的人必須有出離塵俗、出離三界的發心，才有起步修行的動力。

悉達多在雪山中經過五載參訪六年苦修，期間碰到過專修四禪八定的仙人，有感於世間禪定終不是究竟解脫法，於是來到尼連禪河畔在優樓頻陀村外的林中靜坐思惟，身心不動，精進修道，經過六年「雀巢築頂、蘆茅穿膝」的悠悠歲月，體會到苦行也不究竟，歷經觀照之後，覺性日漸圓滿，粗塵細垢、妄想執著漸次息滅。在一個皓月當空的夜晚，終於在菩提樹下目睹明星而成佛，成道時說了一句：「奇哉！大地眾生個個具有如來智慧德相，只因妄想執著不能證得。若離妄想，則無師智、自然智一切顯現。」

釋迦牟尼在菩提樹下悟到了什麼？誠如他所說，每一個眾生都具有和如來一樣的佛性，只因為被妄想執著蒙蔽了，無法讓清淨的本性起用，以致在生死苦海中流轉。佛性就像太陽一樣，它本身是光明四射的，眾生之所以見不到陽光，是因為烏雲遮蔽所致，只要把烏雲一般的習氣息滅，讓清靜的本性顯發，就是個覺者，就能夠自在過生活。

釋迦牟尼也發現了宇宙的真理和人生的真相，那就是苦、空、無常、無我。眾生無法明白苦諦的真相，以致執苦以為樂；不明白諸法緣起的因果，以致執有以為真常；不明白諸法無我的道理，以致產生種種我執的煩惱。因為昧於真相，而處於愚痴無明的狀態中，為了滿足虛妄的我有、我所、我愛，而產生貪心、瞋心，於是在人心中形成了堅固的貪瞋痴三毒。這三毒就像是烏雲一般遮障了我們的自心本性，只要息滅貪瞋痴三毒，則光明自現。

因此人除了盲昧於真相之外，最大的問題就在於執著。禪宗不立文字，在一棒一喝之間開啟活潑的禪機，弟子問東、禪師道西，弟子說西、禪師道東，其作用就是要打掉黏著在人心中的我執。

佛陀成道以後說法度眾生，其目的在自覺覺他、自利利他。悟道者是個覺醒的人，眾生都還在睡夢中，覺者自然會起悲心也幫助他覺醒過來。「菩薩以智慧故，不住輪迴；以慈悲故，不住涅槃。」由於他具足了覺者的智慧，不必在六道中輪迴；也因為他的慈悲心，而願意在紅塵中度眾生，不住於涅槃。

「機薪既盡，應火潛輝，娑婆印壞，淨土文成。」釋迦牟尼佛以八十年的歲月，於無生中示現有生，於無滅中示現有滅，最後在拘尸那城雙林樹下的繩床上示現大涅槃。由於佛陀經過無量劫以來的修行，從藍毗尼花園無憂樹下降生、菩提樹下證道至雙林樹下涅槃，一生事蹟都是示現。

他也以自己實際的修行過程展示了成佛的經驗。一般人或許以為修行必須從小開始，悉達多是娶妻生子以後才出離修道；有些人會說我有家有眷如何能拋妻棄子逕自去修行，悉達多放棄了王位、放棄了世間的榮華富貴，說明了修道的決心。他的修行體驗也告訴世人必須以中道才能步入正道，苦行和四禪八定都不能究竟。他告訴世人，人人都可以在現世成佛。

# 佛陀是大醫王

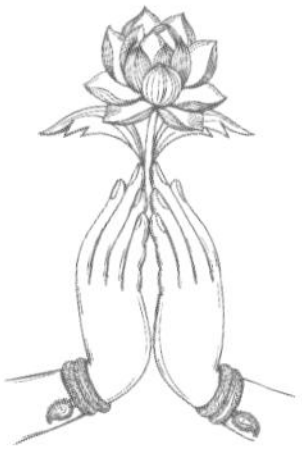

Disease gives wisdom

《雜阿含經》〈大醫王〉中世尊告諸比丘說道：「有四法成就名曰大醫王者，所應王之具、王之分。何等爲四？一者善知病，二者善知病源，三者善知病對治，四者善知病治已，當來更不動發。」佛陀不但擅長於知道病徵，也知道病源，更知道應該如何對治，還知道在病癒之後能夠使它不再復發。

佛陀出家修道的動機，本來就是要解決人間的生老病死苦，他是針對人的根本病症窮其畢生精力尋找答案，在菩提樹下找到答案之後開始行醫度化，他醫的不只是身體的病症，而是由身心靈組合的根本大病。

佛陀成道後首先對五比丘說「四聖諦」，第一聖諦是「苦諦」，意即生死的本質是苦的；第二聖諦是「集諦」，意即苦的成因；第三聖諦是「滅諦」，意即苦的止息；第四聖諦是「道諦」，是指滅苦的方法。苦集滅道四諦的思維邏輯就是針對世間人的病對症下藥。先探求病症現象，接著找出成因，再想辦法滅除，最後是滅除病症的方法。

四諦法門是了解佛陀思想的入門，是佛陀對小乘聖人阿羅漢說的，讓二乘聖人聽聞之後，知苦諦生死，斷集諦煩惱，慕滅諦涅槃，修道諦法門。彌勒菩薩在《究竟一乘寶性論》中談到療疾的四個階段：「就如病要診斷、除病因、恢復健康以及用藥一樣，如是亦當知苦集滅道、離、成與修。」一個人生病了首先會了解釋屬於何種病，接著探求病因，再對症服藥，恢復健康。

《雜阿含經》中說：「有三法世間所不愛、不念、不可意。何等爲三，謂老、病、死。世間若無此三法，不可愛、不可念、不可意者，如來應等正覺不出於世間。」佛陀應化人間，宣說正法，即為救度迷惘眾生而來，成道後說法四十年，贏得大醫王的美譽。

三法印是佛陀教法的精髓，也是認識宇宙實相的要義：無常、苦、無我。

諸法無常變化不居，處於人世間一切皆苦，而這一切的苦因在於無法深切體會無我的真實義，把一切執以為有我、為我所有。了悟了這三法印的道理，就能夠過一個超然自在的生活。

佛陀在因地修行時，有一世是一個在深山苦修的獨覺，一次在靜坐用功時，忽然聽到遠方傳來一句聲音：「諸行無常，是生滅法。」他仔細思量，覺得十分有道理，世間所有的一切都是生生滅滅，如空中花、水中月、鏡中影，變異無常、虛幻不實。他心中感到十分歡喜，但總覺得話不究竟，底下應該還有兩句。於是他到處找說話的人，後來看到一位赤目獠牙的鬼王，獨覺就問他：「鬼王，你剛剛可有看到什麼人在說話？」鬼王說：「剛剛念那兩句話的就是我。」「我覺得你這兩句話不完整，應該還有下半句，你能念給我聽嗎？」「哈！沒那麼容易，你想再聽下半句，那你應該發心供養我。」

獨覺說：「我在這深山中修行，沒什麼吃的供養你，你且等等，我去摘些野果來供養你吧！」鬼王說：「我不吃野果，我只吃活血的動物。」「這太難為了，如果拿活血動物供養你，我就要犯殺戒，這實在辦不到。」「你如果辦不到，那底下兩句妙法就恕難奉告嘍！」那位獨覺因求法心切，想了一會，對鬼王說：「好吧！既然你要吃活血的動物，你且把那兩句說給我聽，等我聽完後，把我的身體供養給你吃，你且說吧！」「我不相信，你怎麼可能把自己的身體供養出來？等我說完那兩句，你逃走了，我豈不換來一場空？」「我是修道人，豈能打妄語？你說出來，我必不食言。」

鬼王就把下兩句說了：「生滅滅已，寂滅為樂。」這位獨覺於言下大悟，只要把生滅的妄想執著息滅掉，就可以得到寂滅涅槃的究竟安樂。因此感到法喜充滿，願意實踐諾言。於是自己跪在地上，伸出頭來，請鬼王吃了。此時鬼王搖身一變現天人相，合掌恭敬對獨覺說：「善哉！善哉！道人果真行菩薩道，是真精進，是真供養！」說完後就不見了。

這一段是佛陀在過去生中求法悟出三法印的典故。貪瞋痴是一切煩惱的來源，無法體會三法印的道理，就不會看清楚自己內心的貪瞋習氣和無明，一旦能察覺自己的貪瞋痴，就是開啟智慧的第一步。有什麼辦法捨離貪瞋習氣和無明呢？首先要找出欲望和執取的原因，然後才能去除攀緣執取。執取的對象通常有四端：欲取、見取、戒禁取和我語取。欲取就是執取迷人合意的東西，見取就是執取觀念和成見，戒禁取是執取一些無意義的傳統作法，我語取是相信有自我，執著於此四端而產生種種憂悲苦惱。

佛陀說：「生是苦，老是苦，死是苦，取著五蘊是苦。」那麼我們應該在何處找到止息痛苦的方法呢？它不在寺廟、不在深山裡找，要在苦本身的起因去止息。我們要做的是在每一個當下察覺苦的生起，並從它的因去根絕。昨天的苦已經事過境遷，明天的苦尚未到來，這都不是應該煩惱的對象，當下的苦從哪裡生起就從哪裡滅絕。經過深刻的禪觀，我們將發覺，苦的起因只是單純的「執著」，如果能在對境的當下不執著，苦就不會生起。

佛陀針對人間疾苦提出來的藥方，所謂的道諦指的是「八正道」：正見、正思惟、正語、正業、正命、正精進、正念、正定。其中正語、正業、正命是屬於「戒學」的範疇，正精進、正念、正定是屬於「定學」的範疇，正見、正思惟屬於「慧學」的範疇。這八正道也是滅苦的方法，佛陀在入滅的當天說過：「如果比丘過正道的生活，世間就不缺阿羅漢。」

佛陀有個侍者叫做羅陀，他凡事要打破砂鍋問到底，一天他問佛陀說：「世尊啊！您常提到魔，請問魔到底在哪裡？」佛陀說：「羅陀啊！魔在我們的色身裡，身體會腐敗，所以是魔，它是癰、刺、苦和苦因，所以是魔。感受、思想、意志、意識也是一樣的道理。」「世尊啊！究竟正觀要做什麼？」「羅陀！得到正觀就會心生厭離，能夠擺脫對五蘊的貪求執著。」「世尊啊！究竟要厭離做什麼？」「羅陀！若厭離就能擺脫欲望的束縛。」「世尊啊！請問擺脫欲望要做什麼啊？」「羅陀！擺脫欲望就能得到解脫。」「世尊啊！得到解脫要做什麼？」「羅陀！得解脫就能達到究竟涅槃。」「世尊啊！得到究竟涅槃要做什麼？」「羅陀啊！你不能這樣無止盡的問下去啊！我的教諭是以達到究竟涅槃為目的，我們修道的最終點就是止於涅槃啊！」

佛陀提出的藥方針對的是人生大病，至於一般的病苦，佛陀也很重視。為了徹底解決弟子的病苦，他提出預防勝於治療的觀念，在禪修的環境中要求做好環境衛生的習慣，注意飲食，要有合適的居處、合適的法友、合適的食物、合適的氣候，行住坐臥間合適的姿勢，這些都是著眼於身心的健康。在藏傳佛教的修行中，談到證果四個重要的條件：環境清淨、身體清淨、根源清淨、行為清淨。只有身體健康、心靈自在，才能在修行道上具足勇猛精進的資糧。

連佛陀本人也不能免除身體的病痛。《大智度論》說：「聖人實知身為苦本，無不病時。何以故？是四大合而為身，地水火風性不相宜……人身亦如是，常病常治，治故得活，不治則死。以是故，不得問無惱無病。」

至於生病之後，則要以禪觀解除痛苦，佛陀自己「身嬰病苦，受諸痛惱，幾將命沒」的時候，也是以「無相三昧觀察，令苦停息」，這是進入無我的甚深禪定中，以法療苦。一般修行者沒有如此功行，佛陀要僧眾之間彼此照應，互相關懷，「汝等同梵行人，病痛不相看視，誰當看者？」

佛陀又依照病人的三種狀態，把人能不能今生成就分成三種類型：一、即使沒有服藥或接受治療，這種病人在一定時間內也會自己痊癒。二、只要正確服藥或接受治療，這種病人就可以恢復健康，否則就難以痊癒甚至病發身亡。三、無論是服用藥物或是接受治療，這種病人已病入膏肓，無法痊癒，瀕臨死亡。

得到過去佛授記，在今生中由世間的病苦中解脫的修行人，是第一類的人。第二類的人遇病或者痊癒或者是一病不起，如果這種人能及早投入修行，拋棄一切應該拋棄的東西，尋找一位得道導師的指引，並且精進努力，他就能在今世中從世間的病苦解脫；如果他陷入邪見邪行，不能拋棄感官享樂，不能找到明師指導，他是無法在今生自病苦中解脫。第三類的病人是沒有恢復健康的指望了，他今生沒有機緣從病苦中獲得解脫，或許他在未來世可以和佛法相遇而得解脫。例如阿捨世王因為弒父，在未來兩個阿僧祈劫中都會漂流輪迴，無法證果。富豪摩訶達那之子，年輕時縱情於聲色之間，年老時心靈無法平靜下來，他不但無法從世間的病苦中解脫，甚至無緣得遇三寶。佛陀就感嘆對阿難說：「阿難啊！如果這位富豪之子在年輕的時候出家，他會證阿羅漢果，在今生得涅槃；如果在中年出家，他會證阿那含果，往生時化生於五淨居天；再不然，他在老年的時候選擇我的僧團出家，還可以證得斯陀含果或是預流果，永離四惡道。」

〈大醫王〉中說：「**如來、應等正覺爲大醫王，成就四德，療眾生病，亦**

復如是。云何爲四？謂如來知此是苦聖諦如實知、此是苦集聖諦如實知、此是苦滅聖諦如實知、此是苦滅道跡聖諦如實知。」「諸比丘！此世間良醫，於生根本對治不如實知，老病死憂悲惱苦根本對治不如實知。如來、應等正覺為大醫王，於生根本對治如實知，於老病死憂悲惱苦根本對治如實知，是故如來、應等正覺名大醫王。」

佛陀在《遺教經》中說：「我如良醫，知病說藥，服與不服，非醫咎也；又如善導，導人善道，聞之不行，非導過也。」佛陀不但能調御一般的病苦，還能醫治人生的根本大病，以是之故，佛陀除了有十個名號之外：如來、應供、正遍知、明行足、善逝世間解、無上士、調御丈夫、天人師、佛世尊，又被尊稱為大醫王。

Chapter 3

# 病苦的旅程與轉化

# 覺知病因

*Disease gives wisdom*

生理的病痛大多源自於心理的不健康，心理不健康則源自於我們的貪瞋痴習氣，在生病的時候，不要只是吃藥或是怨嘆，要先覺知苦因。

一般都理解「病從口入」的道理，腸胃方面的毛病以及高膽固醇、中風，大多是因為不良的飲食習慣而來，有些人胃痛得很厲害，是因為喜歡吃辣，痛的時候下定決心不再吃，不痛的時候又縱容自己，這是處於不能自覺的狀態，病情的惡化是很自然的，就像已經磨損的機件一般，不善加保養而繼續操作，機件的壽命就提早結束。佛陀告訴諸比丘：「有四食，資益眾生，令得住世，攝受長養。云何爲四：謂一、麤摶食，二、細觸食，三、意思食，四、識食。」我們胃腸除了吃食物之外，也吃一些別的東西。《俱舍論》解釋，所謂麤摶食就是段食，一般人分三段而食，指我們三餐的飲食；細觸食指的是身體接觸，例如男女肌膚之親產生的快樂覺受；意思食指的是支持四大所必須有的意志思想；識食是指依於意識接觸法塵所產生的覺受。

意思食、識食，是指對我們意識有影響的糧食，平時看一些報章雜誌、聽廣播、看電視都是一種食物，也就是俗稱的精神糧食。吃得好可以攝受長養，吃不好一樣有礙健康。許多人因為看連續劇緊張，或是看政治人物的談話性節目看到心臟病發作，這也是影響健康的因素。胃腸的毛病有時也是因為吃了不健康的精神食糧所致。佛陀說：「當之食以節度，受而不損。」任何飲食都要有節制。

現代社會步調緊湊，大多數人活在緊張和追趕時間的狀態，永遠追著時間跑，沒有一刻處於安閒舒適的狀態，由是引起種種病症，所有的精神官能症泰半起因於此，像是高血壓、憂鬱症等毛病都是。

頭部象徵一個人的思想主宰，思慮紛亂或是使用腦部過度的人，像是熬夜多慮，容易引起偏頭痛，甚至禿頭。心臟代表愛和動力，心臟病經常是因為血管堵塞，遠因則是因為長期以來缺乏愛心和動力所致。

最近很流行減肥，肥胖的原因有些是基因，大部分是飲食無度，這是自我克制的能力不足所致，減肥最有效的方式就是以恆心和毅力節制飲食，但這些人本來自制力就弱，所以大多是減肥無效，如果能深刻觀照自己的習氣，並在飲食時念念分明，不必任何的減肥餐或減肥藥，效果立見。

瞋恨心和忌妒心最容易招致各種慢性病，像是心臟、肝臟、脾臟的毛病多半是埋藏在心中的瞋心所致，一個人對某人心懷恨意，久而久之在心中鬱結成疾，由於無法釋懷而於一朝發作出來，很可能是急性心臟病或腦中風。所以慢性病多半是由於我們貪瞋痴的習氣所引起。

至於不治絕症，像是癌症、愛滋病，多是前世的業緣所致，也就是個人的業障病。瘟疫等傳染病則是共業形成的一種集體果報，像台灣近年來不能斷除的登革熱、腸病毒和ＳＡＲＳ以及新型冠狀病毒肺炎等都是。台灣過去三十年，在天花、霍亂、肺結核等病被根絕之後，幾乎不再有法定傳染病，ＳＡＲＳ和新型冠狀病毒肺炎的出現當然是一種嚴重的共業。這種共業是因為人心浮亂干擾到他道眾生所致，也可能是某些人的權力欲望所致，有時是主政者的威德不足所致，歷史上常可見到某些人上台之後，災難不斷，換個人就沒事，原因在此。

生病的時候要覺知病因，其近因為何、遠因為何、業因為何。有一位銀行界的長輩，在最近不景氣與金控合併風中被裁員，退下來之後在一年內迅速蒼老，身體的各種官能症狀一一出現，朋友在一次婚宴場合中見到他出席，看到他的老態都大為訝異。細究之下才知道根本的原因在於他對於被裁一事不能釋懷，他感嘆自己的才幹沒有被賞識、痛恨還有比他差的人可以尸位素餐、遺憾公司沒有人慰留他，於是他發誓不再踏入銀行大門一步，即使是經過各處的分行也令他心頭起恨，要繞道而行。如果能深觀病因，會知道這根本就是心病，是心中起的瞋念讓自己迅速老化，如果不能以豁達的智慧了知世事無常、諸法皆幻，就會執著而不能超脫。

人世間的事不是一個理字就能完全走通的，有理的人還會被陷害冤枉呢；更何況自認為有理的不一定是真理，如果不能放下，那就只能看著病情加重下去了。因此覺知病因才能對症下藥。

唐朝京師普光寺玄琬律師，貞觀年間，唐太宗因為他的戒律德行，朝野都瞻仰，請他為皇太子及諸王子授菩薩戒，琬大師提出四點希望他們能夠奉行：一、行慈，也就是要他們行慈悲心，救貧濟苦，攝受教養百姓；二、減殺，愛護生命，減少殺業；三、順氣，東宮位於四象中的少陽，福居春月，春季應斷肉食以順陽和之氣；四、奉齋，每年正月、五月、九月，以及每月的六齋日持齋淨心。琬大師並告誡他們，現在所以有殿下皇子的福報是因為過去世累積的功德，如果今生不修德，福報用盡後惡業很快現前。

生病的時候，可以深觀自己的業行，甚至於觀透前世積累的業行造成今日的果報，覺知病因，積累福德，還是可以轉化病情的。感染了疫病也要深觀，一位修行多年的朋友在ＳＡＲＳ蔓延中被居家隔離，打電話問候他時，他平靜的分析讓他隔離的病源可能染病的原因，也據以判斷自己的情況，認為不會有事。一般來說，感染ＳＡＲＳ的近因是因為自己出入各地沒有注意衛生習慣、勤洗手或戴口罩，甚至對疫情掉以輕心；遠因則是免疫力差、抵抗力低所致，這也是由於飲食、睡眠等生活作息不正常，或是懶於運動所致；而業因則必須深觀自己的貪瞋痴習氣，或是在過去生、現在生造過無法逃避此次疫病的業緣。深觀之後才容易對治。

# 面對病苦

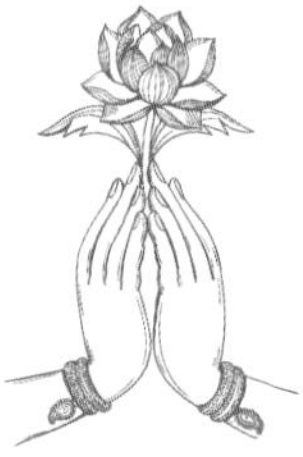

*Disease gives wisdom*

我有個晚輩親戚，年紀才三十出頭，因為擔任業務員經常酬酢，以至飲酒過量，經常胃部、腹部疼痛，以為是胃痛而不以為意，胡亂吃一些胃藥解痛。及至有一天痛到地上打滾，才緊急赴醫救治，發覺是猛爆性的胰臟癌，隨即住院即陷入昏迷狀態，不到一個月就往生了。

一般人生病總是不敢直接面對，即使是長期胃痛、頭痛或是有可能罹患癌症，也不願意去檢查，每當在醫院聽到醫師說自己得了癌症之後，則惶惶然若喪家之犬，對生命充滿了絕望，或是一味的怨天尤人、不肯相信這個事實：「為什麼是我？」

當聽到醫師診斷有可能是絕症時，先要冷靜，詳細問清楚醫師的判斷和解說，必要時到其他醫院做相同的檢查，確定自己的病情，在病症未確定前，不可心慌意亂，或是病急亂投醫，很可能因此加速病情的惡化，一旦病症確定，要立即接受這事實，縮減抗拒的時間，爭取復原的機會。

意識中不要過度誇張或是擴大病情，這會增加治療的困難度，只要承認生病的事實，接納它，因為病菌或毒素已經在你的身體內滋長，一旦接受它，內心的抗拒減低以後，病毒不會為了和你的細胞對抗而繼續肆虐，痛苦可以因此降低。其次要釋放心中的恐懼和壓力，恐懼會造成慌亂，就像處理一團攪亂的線一樣，找不到頭緒，越急越亂，最後是越結越緊，即使找到了線頭，也無法解開，因為纏繞得太緊了。SARS疫情的蔓延就是最好的例子，一開始台大醫院接受勤姓台商之後，立即啟動三級防護，成立專案工作小組，在兩位老教授謝維銓和李慶雲的顧問傳承下，有條不紊的面對病毒的來襲，雖然後來也爆發院內感染，還算控制得宜。

相較之下和平醫院就顯出慌亂失序的場面，疫情在院內爆發後院方沒有立即上報，衛生署和台北市匆忙決定封院後，看到醫護人員不滿抗議的場面，還高喊著：「為什麼我們要照顧SARS病人？」這一幕讓民眾印象至為深刻，之後和平的疫情一發不可收拾，連連喪失了四位醫護人員，令人不勝惋惜。

中央指揮系統也是不知所措，民眾恐慌，到處買口罩，航運業、旅遊業第一波受災殃，緊接著民眾不敢出門，餐飲業生意一落千丈。及至李明亮擔任總指揮以後，防疫才算步上軌道，有了章法。雖然疫情尚未完全回穩，不過他要求民眾恢復正常生活之後，恐慌的局面就穩住了。這次林口長庚也引爆院內感染，但疫情指揮中心處置得宜，採取分艙分流的方式防堵，沒有封院讓醫院自行其是，院方和民眾都沒有恐慌。從此一端可以了解，恐懼造成的慌亂對疫情的影響有多大。

壓抑會累積心中負面的情緒，使病情惡化，很多人都習慣隱忍，不敢讓親人知道自己的病況，或不願在親人面前表現得脆弱，但是又很需要親人的慰藉和鼓勵，矛盾的情結讓自己承受過大的壓力。有些人知道自己罹患絕症後，擔心很快就離開人世，也憂慮萬一撒手後子女的教養無依問題，這些無形的心理壓力對病情造成很不利的因素。

覺知病因後，就要正面去面對病情，要知道，即使是絕症也有很多人痊癒，痊癒的人都有個共同的特徵，就是他們仍然積極的看待人生，心中絕少產生負面的能量，並全面調整飲食作息，平靜而不慌亂的對症下藥。

我的一位長輩親戚在十幾年前得了鼻咽癌，他立即辦理退休，配合醫生的指示做化療，一開始也聽信親朋好友的建議服用一些草藥方，作了幾次化療之後出院，在生活習慣和飲食方面上也做了改變，除了作息正常早睡早起之外多吃生機飲食，因為居住在鄉下，心情比較開朗，後來就痊癒了，不曾有任何的副作用。

在《佛說嗟襪曩法天子受三皈依獲免惡道經》有這麼一段故事：有一名天人叫做嗟襪曩法，因為福報享盡，只剩下七天的壽命，於是出現了天人五衰之相：身上不見威德、生出垢穢、頭頂上的花鬘全部都凋萎、身體發出臭味、兩腋下都流汗。見到這樣的徵兆，他滿地打滾、哀嚎痛哭的說道：「苦啊！苦啊！美麗清澈的池子不能再去洗浴了。苦啊！苦啊！不能再搭乘寶車到林園花苑去嬉遊了。苦啊！苦啊！永遠不能再摘採優波羅花、不能再踩踏雜寶柔軟的土地了。苦啊！苦啊！眾多貌美的天女伎樂，過去常相圍繞，如今就要捨離了。」

有餘天子看到這景象深覺不忍，心裡也悲傷難過，就去向帝釋天報告，帝釋天主心生悲愍，前去探視嗟襪曩法，對他說：「天子！到底發生了什麼事啊？一個賢能的仁者，竟然宛轉於地，悲哀啼泣，還叫苦連天，讓見到的人動容，這是怎麼回事啊？」嗟襪曩法趕緊從地上爬起來，整肅儀容說道：「天主！我的壽命只剩下七天了，命終之後將要墮入王舍城，因為宿業的緣故將要投胎豬身。天主！投胎變豬之後就要食啖糞穢，想到這些，我能夠不憂苦嗎？」

帝釋天對他說：「賢者！你可以誠心的歸命三寶，應作是言：歸依佛兩足尊！歸依法離欲尊！歸依僧眾中尊！」嗟襪曩法天子因為害怕命終後轉生於畜生道，因此至心歸命，心不間斷，一直到命終。帝釋天主用天眼觀照他到底轉生於何處，從王舍大城中遍找不著，又觀畜生道、鬼界，也是遍尋不著，再觀娑婆世間和四天王天、忉利天，也沒見到蹤影，最後只好去問佛陀。佛陀說，嗟襪曩法承佛法僧三寶的威德加持，已經轉生到兜率天，享受五欲之樂去了。

病症來臨或是業力現前的時候，不必悲嚎啼泣，以平常心、正面的能量去面對它，找對醫生、找到正確的對治方法，一定會有轉機。

# 對症下藥

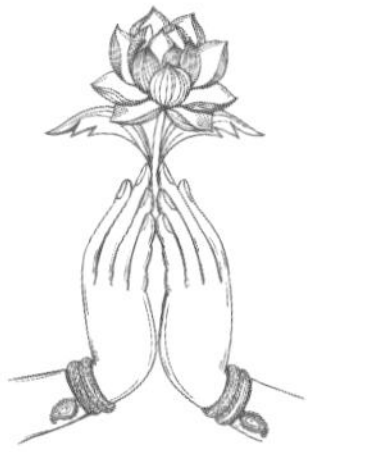

Disease gives wisdom

生病要能夠好當然要對症下藥。但是我們通常不會從比較深廣的觀點來看待病因，生病時只求速效，希望能儘快好起來，其他的就不重要了。但是有些病不能求速成，七年之病求三年之艾，有時候可能產生更大的副作用。坊間就流傳著一則寓意甚深的故事，有兩位內科醫生各自開了診所在兩對門，其中一家只要有感冒病患上門就打針給重藥，藥效神速，病患回家後兩天就痊癒了；另外一家既不打針也不給重藥，非必要還不開藥，只叫你多休息多喝開水。結果有神效的那家診所門庭若市，另一家則門可羅雀。

但是真正對病患有幫助的是門庭若市的醫生、還是門可羅雀的醫生呢？我們會找的診所又是哪一家呢？有時候明明知道打針吃藥可能在往後對身體造成更大的負擔，但是為了解決立即的痛苦，大部分人還是會選擇門庭若市的診所。但是一個有遠見的病人會選擇門可羅雀的診所。事實上，感冒沒有特效藥，也沒有對治的藥物，只能針對個別的狀況改善。服用咳嗽、流鼻水的藥，可以讓自己舒服一些，如果不服藥，只要多喝水、多休息，七天、十天也會自己好起來。長久以來人們習慣服藥，結果吃了很多的抗生素、抗組織胺，反而會出現嗜睡、胃痛等副作用，甚至對身體的免疫力造成不良的影響。此外，有些病初期的症狀和感冒類似，誤服感冒藥可能延誤或是加重病情。

例如猩紅熱，初期症狀與感冒類似，如果未能對症下藥，可能會引發急性腎絲球腎炎，或急性風濕性心臟病。其他像是麻疹、水痘的初期徵狀也是發燒、倦怠，一不小心誤診、吃錯藥，就很危險。抗組織胺藥物若和其他心臟病、抗發炎、抗憂鬱的藥物併服，可能發生心率不整甚至致命的危險，不可不慎。SARS的初期也是一樣，許多醫師都不知道有這種病症，當作一般性的感冒醫治，等到有人陸續死亡以後，才驚覺事態嚴重，最後經過研究才知道是一種新的致命性病毒。新型冠狀病毒肺炎有八名醫師示警時，官方還當假消息至偵辨，當然會造成蔓延，可見對症下藥是病症能否治癒或是轉為惡化的關鍵。

包括很多的慢性病以及絕症，在初發的時候經常被誤診或是自己不經心而遭到延誤，以致發現實情之後病症已經很嚴重了，很多人發現自己是癌症的時候已經是末期了，一聽到癌症末期心理已經涼了一半，為了搶救最後的生命，於是採信所有的偏方，只要一聽說什麼草藥對病症有幫助，千方百計的要弄到手，一聽說某處有個能醫治癌症的神醫，千山萬水的要見到他。這當然是求生的本能，誰願意在還有救的時候就放棄生命呢？然而病急亂投醫，才是真正致命的關鍵。

人的根本大病還是在心病，心病還需心藥醫。生病的時候除了身體症狀要找對方子下藥之外，心理的症狀也要找對方子下藥。對治身體的藥方有千百種，對治心理的藥方只有一種，佛陀在後人集結的《法句經》中有一偈：「若人活百歲，不持戒攝心；不如活一日，持戒與禪修。」一個人如果活一百歲，但卻不知道自己的心念是什麼，等於白活了一百年，還不如過一天持戒禪修的日子。持戒與禪修是解決病苦的根本藥方，心病不醫好，不能正確的看待身病，自然也無法以平常心面對病苦，心病醫好了，身病也就好辦了。

佛陀有一個弟子叫僧吉帝，他在出家前每天跟著親戚到舍衛城去聽法，後來就出家了。舍利弗尊者知道他具足成就波羅蜜，就擔任他的戒師，他教僧吉帝觀照自己的身體不淨，幫他剃頭時，就教他思惟頭髮不淨，他專注的禪觀直到定境甚深的地步。他又深觀自己的四大五蘊和業處，在很短時間內就了知世間一切有為法的苦、空、無常、無我，後來他繼續精進而證得了四禪八定。

在僧吉帝出家的同時，有三十位年輕人也在佛陀座下出家，他們禪修了一段時間還是無法降伏內心的欲念，於是向佛陀稟報想到遠方去修行以完成沙門的義務，佛陀允許了，並要他們先去見舍利弗尊者，舍利弗觀照為何佛陀要他們來見他，知道他們將有劫難，於是指派僧吉帝同行。

他們一行三十一人來到一處森林中，很適合修行，就結茅舍住了下來，早上到村裡托缽，其他時間就精進禪修。一天來了一位乞丐，因為每天能得到食物就要求留下來幫他們打掃環境，做些打雜的事，上座比丘應允了他。一次這個乞丐想回家鄉，經過一處樹林，被五百強盜捉拿了，他們每年要殺一個人祭拜火神，乞丐正好捉來祭拜。乞丐就向強盜求饒說：「我是個骯髒的乞丐，用我來拜火神，可能火神會不高興。你們應該用清淨的人來拜神，神明才會高興。」於是他告訴強盜，隔壁森林中住有三十一位清淨比丘。強盜們放了乞丐，循路找到這三十一位比丘。

強盜首領對他們說：「尊者們，我們需要你們其中的一位用來祭拜火神。」上座比丘集合大眾說：「我是上座，我跟他們去，你們好好修行。」第二位比丘說：「不，你不能去，你應該留下來領導大家，還是我去吧！」如是三十位比丘都爭著要去赴死，最後僧吉帝說：「你們都還沒有完成沙門的義務，你們留下來好好修行，我跟他們去。」

於是僧吉帝跟著強盜走了，到了他們祭祀火神的地方，強盜首領舉起鋒利的大刀往他的脖子砍下去，僧吉帝進入滅盡定中，毫髮無傷，連砍了三刀，強盜首領手都發軟了，於是跪下來求僧吉帝收為徒，僧吉帝答應了他們，把五百位強盜帶回森林中剃度，其他三十人更加精進，在結夏安居期間，三十位比丘都證果。安居之後，所有的五百三十一人都回到舍衛城見佛陀。佛陀問他們是如何平靜的度過結夏安居的禪修呢？上座比丘說明了原委，說都是僧吉帝的緣故才讓他們能平安的完成沙門的義務，於是佛陀就說了這句偈。修行一天的生命比不修行一百年的生命更有價值。修行是針對我們人生大病的根本藥方，這帖藥方先服下去之後，其他身病的症狀就好對治了。

# 心的轉念

Disease gives wisdom

如前所述，幾乎所有的生理毛病都根源於心理因素，除了醫生的處方之外，最有效的藥就是心的力量。「心包太虛，周遍沙界」，心能夠含藏世界，心有多大，世界就有多大；「芥子納須彌」心也具足無限的能量，如果能夠善用心的能量，就能起無限的妙用。

我們一般人不但把心用小了，還把心用病了。因為我們斤斤計較於每天的工作成敗、汲汲營營於功名利祿。依照佛教的說法，心的本質是清淨的，是無限寬闊的，就像是宇宙一樣，它的起用就看我們的心念。

它可以產生正面的能量，也可以產生負面的能量。舉個簡單的例子，早上出門的時候，當你心情很好，看到的陽光都是帶著微笑，感覺是如此的溫暖；聽到的鳥叫聲也是如此悅耳，感覺他們的歌聲是如此動聽，真是好一個「風和日麗，鳥語花香」的清晨。可是當你心情不好的時候，看到的陽光是如此的曬人，感覺有點礙眼；聽到的鳥叫聲也是如此吵雜，好像嘲諷人也似，真是一個倒楣的早晨。這就是心的力量，像是一刃兩面，可善可惡。

一般人不明白心的本質，也無從掌握心的本質任運自如的過生活，反而是隨著無明的心念運作，過著心隨境轉的日子，自己的心隨時被境界帶著團團轉；一個有深刻禪修的體驗者，它學會如何不被境界轉而且能以心轉境。而改變身心病症最有力的方法就是靠這顆具足無限能量的心。

藏傳佛教噶瑪噶舉傳承持有者十六世大寶法王在即將往生前，醫生檢查他全身有六種癌症，包括胃癌、肝癌、骨癌等，在癌末時，一般人都是痛徹心扉，不能忍受，醫生卻看他神色自若，問他道：「你難道不會痛嗎？」他說：「不會，就算痛也無所謂。」他往生以後，醫生要把他的遺體推往冷凍庫，但弟子說他是入三摩地而非一般人所說的死亡，醫生不明白這是什麼樣的情況，弟子請醫生探測他的心臟，結果還有溫度，身體也是柔軟的，不同於一般死亡狀態的僵硬，如是三天，醫生都不明白是什麼道理，才聽從弟子的建議沒有送入冷凍庫，最後送回錫金隆德寺舉行涂毗大典。當火燒遺體時，大寶法王的心臟跳到弟子泰錫度仁波切手中的托盤上。由此可見，心的力量是可以超越世間人的知見的。

堪布卡特仁波切是藏傳佛教噶瑪噶舉派的禪修指導教師，有一次因為他暗示自己將不久住世，一天因為血壓超高，弟子十分著急，懇求他一定要去看醫生，到了醫院，醫師一量血壓，認為要立即注射吃藥，他說，什麼都不必做，於是在醫院中靜養，第二天醫師來量他的血壓，一切如常，連醫師都嚇了一大跳，於是就出院了，結果有一些醫護人員就此皈依。堪布卡特仁波切於二〇一九年十月六日在美國圓寂，世壽九十六。

「萬法依於一念」，地獄的極苦和一切種智的極樂都是緣於此心。由這些例子可以知道，心的力量是可以超越病苦的，我們要學會轉念的方法，知道疾病是一個轉化惡業的契機，「疾病是清除惡業及障礙的掃把」，病痛時思惟：「自己在過去造過惡業，如今業果成熟，如果沒有這次的苦報，不知道自己在何時會受到如何的惡報。」如此而生起安樂心，安樂能夠成就淨業。如果有大乘慈悲的心念，它的功德更大，亦即思惟眾生的苦也同時在自己的病痛中成熟，能夠隨喜眾生的苦並且為他們承受而感到快樂。藏傳佛教中很多的喇嘛以修持這種勝義菩提心的方法治好自己的病，也提升自己的修行證量。

在病中的時候可以思惟：「這無異在前世中我的修行已經有所成，別人的病苦已經成功的轉移到我的身上，我現在正承受著眾生的一切苦難、惡業與障礙。」以這樣的心念，可以讓自心得到平靜與安樂。

歷經病苦的滄桑，尤其是絕症之後的重生，一般人對於生命的意義和價值都會有不同的態度。但是如果不走修行的路，當下次自己身體再罹患病苦時，還是不得解脫。佛陀所教導的是解決究竟煩惱的方法，了知身會致病，心可以不致病，就算是身受病苦，心可以不受病苦。如果真正有禪修的體會，就可以像說一些高僧大德一樣，超脫生老病死苦。

唐朝福州的玄沙師備禪師，他的父親以捕魚維生，不幸淹水而死，師備法師因此出家以報答父親養育之恩，出家後清苦修行，只有一雙草鞋和一件粗布僧衣，吃的東西只夠維繫一口氣，雪峰義存禪師稱他為頭陀。有一天他下山打算到各處行腳參訪，一不留神摔傷的腳，血流如注，他於當下豁然大悟，於是決定不下山，依止雪峰禪師切磋心法，峰禪師嘗稱讚他是再來人。有一天忽然夢見父親來相謝說：「因為你出家明心見性的功德超薦，我已得升天，特地來通報。」

有時候病苦反而是悟道的契機，如果在生病之後對生命覺得還有一番探討的價值，或是深覺過去的生活方式沒有意義，不妨重新開啟一條新的生命路向。許多在癒後重生的人大概都選擇兩條路：一是宗教靈修，走修行的路自我提升；一是發揮愛心，投入義工行列，或從事公益活動。

《長阿含十報法經》有說：「或時行者，身有病苦極，便念我有病苦極，有時從是病死。念我須臾間求方便行，未得當得，未解當解，未自知當自知。是爲七精進方便。」「或時行者，適從病起不久便念，身適從病起，畏恐病復來，今我居前求方便行，未得得未解解，未自知自知。是爲八精進方便。」

離婆多尊者是舍利弗尊者的最小弟弟，舍利弗在佛陀座下出家後，十五天就證得道果，他的兩個弟弟及三個妹妹都跟著出家了，只剩下最小的弟弟在家，他的母親深怕他也出家去，家業就沒人繼承了。於是幫他找了個對象，選定一個日子舉行婚禮。

離婆多到了女方家裡迎親，許多親友都前來祝福，有一位長輩就說，願新娘子能夠像她祖母一樣長命百歲，離婆多就問新娘子的祖母是否還健在，她不但健在而且已經一百二十歲了，離婆多要求見她。他走進房間裡看到老祖母身體很虛弱，無法走動，耳朵聽不清楚別人說什麼，眼睛看不到眼前的是什麼人，牙齒沒了、頭髮白了、皮膚皺了。離婆多看了以後心想，身邊的新娘子有一天也會變成這個樣，原來我的哥哥和姐姐出家去都是有原因的，他們早已知道了這個祕密，我也應該及早覺悟才是。

在回家的路上，離婆多向親戚們表示自己肚子痛要腹瀉，於是走到樹林中去，開始逃跑，跑了很長一段路終於找到一間寺廟，問明了上座比丘後要求出家，上座比丘問他的身分，知道他是舍利弗尊者的弟弟，就答應收留他，不久之後就幫他剃度了。他經常到樹林中獨自修行，持續不斷的精進，最後證得阿羅漢果。

一個人能夠及早知道看到人生的苦處，走上探求生命真相的道路，就能及早解脫。如果等到老了、不能動了，就算那時想要精進，也無能為力了。大部分的人是等到死的那一刻都還深深的對紅塵眷戀、對世俗不捨，終其一生都是白過了。

五代南唐李後主是一個有名的詞人，有一天他召見金陵清涼院法眼文益禪師，當時牡丹花正盛開著，李後主請禪師為牡丹作一首詩，法眼禪師隨即拈來：「擁毳對芳叢，緣來迥不同；髮從今日白，花是去年紅。艷異隨朝露，馨香逐晚風；何須待零落，然後始知空。」何必要等到花凋落了，才能體會到諸行無常，萬法皆空的道理呢？雖然李後主在文學史上有一席之地，可惜，他終究沒能走上體悟佛法的大道。

# Chapter 4

# 在病苦中修行

# 身心放鬆

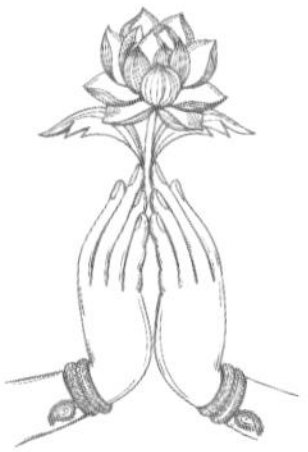


說放鬆很容易，確實在每一個當下覺知身心的放鬆並不容易。事實上，我們無時無刻不是處在緊張的狀態，工作的時候，繫念著成敗，習慣性的念頭牽引，拉著我們的每一條神經，細觀一下你現在看書的神態，是否緊抓著書，腦筋被文字帶著走而無法察覺，此刻你的胃或許是吊著的，你的肩膀是聳立的，你的神經是緊張的，或許你的念頭已經被別的思緒拉到遙遠的地方去了。可以說，一天二十四小時我們很少有一刻是處於完全放鬆的狀態，即使是在作夢也都可能被夢境嚇出一身冷汗，這也是沒法放鬆的證明。

有禪修經驗的人可以藉著靜坐或是行禪放鬆，沒有禪修經驗的人常藉著聆聽音樂或是泡湯或是看場電影放鬆自己，但是心情輕鬆不代表身心放鬆，即使有些人靜坐時身體都是緊繃的，這是因為不懂得放鬆的要領，放鬆的一個祕訣就是要覺知，覺知現在我身體哪一部分是放鬆的。一個簡單的方法，就是用默念的方式。從頭到腳，從外到內，從皮膚到骨骼，一點一點的默念到全身都放鬆為止，然後安住在放鬆的狀態。

生病的人第一件重要的事是要先學會放鬆，在生病的時候可能沒有體力，也提不起勁做任何事，但是此刻，心還是可以起很大的作用，用心告訴自己只有靠自己的意志才能克服病苦，不能被身體的痛或是病的苦所束縛，心可以不病、心可以不苦。這時候練習放鬆也要靠這顆還能作用的心。

站著、坐著或躺著，都可以練習放鬆。在一個不受干擾的地方，以愉快的心情練習以下放鬆的步驟：

「放鬆頭髮，它每天都辛苦的保護我的頭部，現在放鬆、放鬆……」

「放鬆頭皮，它每天都辛苦的護持著頭髮並保護我的頭骨，現在放鬆、放鬆……」

「放鬆後腦勺，它每天都辛苦的承載著壓力，現在放鬆、放鬆……」

「放鬆額頭，它每天都爲了眼睛的張開而支撐著，現在放鬆、放鬆……」

「放鬆眼睛，它每天都辛苦爲我探視這個世界，讓我看到一切，現在放鬆、放鬆……」

「放鬆鼻子，它每天都辛苦的呼吸，讓我能繼續活著，現在放鬆、放鬆……」

「放鬆嘴巴，它每天都辛苦的吃東西、不停的講話，現在放鬆、放鬆……」

「放鬆耳朵，它每天辛苦的聽四面八方的聲音，現在放鬆、放鬆……」

「放鬆臉頰，它每天迎著僕僕風塵，現在放鬆、放鬆……」

「放鬆下巴，它每天承載著下顎，現在放鬆、放鬆……」

「我的整個頭部都放鬆了，它每天辛苦的主宰著我的思緒，就像一個有智慧的主帥一般，它該休息了，放鬆、放鬆……」安住三分鐘。

「放鬆頸部，它每天辛苦支撐著頭部，現在放鬆、放鬆……」

「放鬆肩膀，它每天承受著無數的壓力，不得清閒，現在放鬆、放鬆……」

「放鬆胸部，它每天保護著我的五臟，現在放鬆、放鬆……」

「放鬆背部，它每天保護著我的腎臟、脊髓，現在放鬆、放鬆……」

「放腹部，它每天保護著我的腸和生殖泌尿系統，現在放鬆、放鬆……」

「放鬆臀部，它每天久坐承受我身體的重量，現在放鬆、放鬆……」

「我的整個軀幹都放鬆了，它每天辛苦護衛著我的五臟六腑，就像一個沉穩的將軍一般，現在它該休息了，放鬆、放鬆……」安住三分鐘。

「放鬆手臂，它每天揮動著手做無數的事，現在放鬆、放鬆……」

「放鬆手掌和手指，它每天爲我做無數的事，現在放鬆、放鬆……」

「放鬆大腿、膝蓋和小腿，它們每天辛苦的支撐著身體，現在放鬆、放鬆……」

「放鬆腳掌、腳背和腳趾，它們每天辛苦的載著你東奔西跑，現在放鬆、放鬆……」

「我的整個四肢都放鬆了，它們每天辛苦的奔走戮力，就像是第一線的勇猛的戰士一般，現在它該休息了，放鬆、放鬆……」安住三分鐘。

全身從頭部、軀幹、四肢觀照一遍，輕鬆自在，安住五分鐘。

接著放鬆內臟，從腦部、肺臟、心臟、肝臟、胃、脾臟、胰臟、腎臟、大腸、小腸、子宮、卵巢、睪丸，如上述的方式，默念它們的功能，逐一放鬆。安住三分鐘。接著放鬆骨骼，從頭骨、頸椎、肋骨、脊髓骨、盆骨、上手臂骨、下手臂骨、手掌骨、手指骨、大腿骨、小腿骨、腳掌骨、腳趾骨，默念它們的功能，逐一放鬆，安住三分鐘。

然後全身觀照一遍，安住在放鬆的狀態中，感覺全身柔軟、舒暢。隨自己的意願放鬆多久。接著可以針對自己的病痛，特別觀照那一部分，例如胃痛，不論是急性還是慢性，可以藉著放鬆胃部，並持續觀照它，甚至在心中與它對話，過去因為沒有注意它，以致造成它的傷害，今後必將善待它，改變自己的飲食習慣，現在讓它好好休息，願它早日康復。安住在胃部放鬆的狀態，時間隨自己的意願，原則是要做到讓胃充分的休息，並已將助它復原的意志注入胃部。只有完全的放鬆，才能讓身體充分的休息，得到復原的生機。

感染了像是ＳＡＲＳ或新冠肺炎的傳染病也一樣，一開始一定要先放鬆，因為這是療傷的第一步，身體放鬆以後，讓體內病毒間的戰爭減緩，身體得到真正的休息，病毒擴散的情況會舒緩。ＳＡＲＳ和新冠肺炎的症狀是發燒、咳嗽、身體痠痛，可以將觀照點放在症狀比較明顯的部位像是喉部，讓它徹底放鬆。

# 懺悔罪業

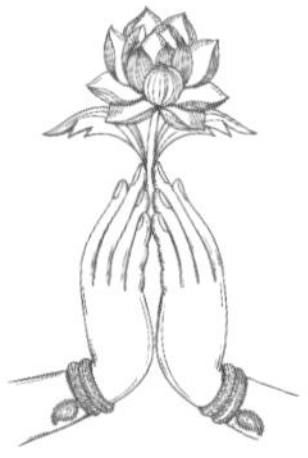

Disease gives wisdom

在佛教傳統中，懺悔是很重要的修行法門，如果不懺悔，心中的微細惑無法解除，在修持的過程中會成為障道的因，懺悔的目的在於泯除心中的罪念，在漢傳各道場的日常課誦中，都有懺悔的一段文：「往昔所造諸惡業，皆由無始貪瞋痴，從身語意之所生，一切我今皆懺悔。」這段文是摘自「八十八佛大懺悔文」，經文的內容是向八十八佛求懺悔，我在過去生、現在生、從無始生死以來所作眾罪，有些是自己做的、有些是教唆他人做的、有些是見到別人做而隨喜的，所有一切罪業今在佛前求懺悔，若我今生或餘生，能行布施或守淨戒，所有善根悉皆迴向。

在「普賢十大願中」第四願就是懺悔罪業，藏傳佛教的「上師相應法」七支供養：禮拜、供養、懺悔、隨喜、請轉法輪、請佛住世、迴向，也把懺悔列為修行很重要的一部分，由身口意所種下的罪業，如果不懺悔則無法累積福德，就像你過去在銀行還欠下一筆債款，現在有錢了，無法立刻累積財富一樣，要先把債給清償了，懺悔就是一種類似償債的消罪積德行為。

《華嚴經》〈普賢行願品〉中說：「菩薩自念我於過去無始劫中，由貪瞋痴，發身口意，作諸惡業，無量無邊。若此惡業，有體相者，盡虛空界不能容受。我今悉以清淨三業，遍於法界極微塵剎，一切諸佛菩薩眾前，誠心懺悔，後不復造，恆住淨戒一切功德。如是虛空界盡、眾生界盡、眾生業盡、眾生煩惱盡，我懺乃盡。而虛空界乃至眾生煩惱不可盡故，我此懺悔無有窮盡，念念相續，無有間斷，身語意業，無有疲厭。」由此可見菩薩懺悔之深切，念念不間斷，直到眾生的業盡方休。

懺悔可以藉著四種力量來滅除罪業：依止力、破壞力、遮止力、對治力。依止力是深信因果，至心皈依三寶以及戒律，懺悔罪業。破壞力是了知隨時可能造惡因，如同水之就下，要造一個善因卻如逆水行舟很困難，這很容易使我們墮入三惡道，於是決心痛改前非，自我承諾絕不再造惡因，這是對惡的破壞。所謂遮止力就是指當惡念一生起，立即加以防止。對治力則是藉著修持空性正見和慈悲觀來對治。這四種力量對於懺悔罪業的功德都非常大。

在漢傳經典中，最著名的是《梁皇寶懺》和《慈悲三昧水懺》。《梁皇寶懺》是梁武帝為皇后郗氏所集。郗氏崩後數月，梁武帝時常追悼，白天悶悶不樂，晚上耿耿不寐。有一天在寢殿聽見外面有騷窣聲，一看是一條蟒蛇盤據在殿上，張牙吐信對著梁武帝，武帝大為驚駭，無處可躲，不得已壯起膽來對蟒蛇說：「朕的宮殿守備嚴謹，不是你們蛇類所生之處，你是何方妖孽，想要來加害於朕嗎？」

蟒蛇突然開口說人語：「我就是昔日的郗氏，生前嫉妒六宮，性情殘毒，怒氣一發，損物害人，死後墮為蟒蛇。沒有飲食可以實口，沒有窟穴可以庇身，飢窘困迫，力不自勝。有感於皇上過去眷愛有加，所以不避諱以此醜陋的形骸來見皇上，祈求以一功德來救度。」梁武諦聽了不勝唏噓感慨，繼而想和蟒蛇對話卻不見了蹤影。

第二天，梁武帝把沙門集合於殿庭前，說明了原由，問說哪一種功德最善，能夠救贖皇后郗氏的罪孽。寶誌禪師說：「必須禮佛懺悔，才可以洗清罪業。」於是梁武帝要沙門搜索佛經錄其名號，並親自撰寫懺悔文共十卷，都是採擷佛語，為她懺禮。

一天，突聞宮室內異香馥郁，梁武帝看到一位天人，儀態端莊容貌美麗，對武帝說：「我是蟒蛇的轉世，承蒙皇上的功德，已經升到忉利天，今天特地顯現天人之身以為證明。」並對梁武帝殷殷致謝，就消失了。

「梁皇寶懺」功德之稀有由此可知，很多道場在農曆春節期間都會舉辦連續十日的梁皇寶懺法會，鎮日念誦梁皇寶懺，主要就是希望能藉此懺悔功德洗清自己往昔所造的諸多惡業。

「慈悲三昧水懺法」也是有典故的。在唐懿宗年代有悟達國師知玄者，曾經與一名僧人邂逅於京師，這名僧人患有惡瘡，眾人皆嫌惡，而知玄與他為鄰，時常照顧，沒有任何嫌惡之色，後來要離開時，僧人感念知玄的恩德，告訴他說：「以後如果遇到困難，可以到西蜀彭州九隴山找我，山有兩棵松樹為標誌。」

後來悟達國師住錫安國寺，道德昭著，唐懿宗親臨聽聞法教，賜沉香為法座，至為禮遇，悟達國師因此甚為自得。一天突然膝上長出人面瘡來，連眼睛口齒都清晰可辨，拿食物餵它，照樣開口吞啖，與一般人沒兩樣，找遍群醫都束手無策。

憶起往昔僧人告訴他的話，就入山尋找。當時正值天山已晚，徬徨四顧，好容易看到兩棵松樹立於煙雲之間，知道僧人所言不假。終於看到一間廟宇，崇樓廣殿，金碧輝煌，僧人就站在門口相迎，兩人相談甚歡，因而留宿下來，悟達乃告知被人面瘡所苦之事。僧人說：「不礙事，巖下有一泓泉水，明天去洗一下就好了。」

天亮後，童子帶他到泉水處，剛掬水準備清洗時，人面瘡開口大叫道：「不可以洗！你博古通今，應該讀過西漢書袁盎晁錯傳吧？」悟達說：「讀過。」「既然讀過，你難道不知道袁盎冤殺晁錯嗎？你就是袁盎，我就是晁錯。為了此冤仇，我累世求報，但你十世為高僧，戒律精嚴，無法入手。今天你受到皇帝的寵遇，起了名利心，有損戒德，我才能趁虛而入。今承蒙迦諾迦尊者以三昧法水為我洗滌，至今而後，不再與你為冤了。」悟達聞言，嚇得魂不附體，連忙掬水清洗，因痛徹骨髓而暈厥，醒來後人面瘡已不復見。這時才驚覺到聖賢有時混跡人間，非凡情能測，想要回首找那僧人，一瞻迦諾迦尊者聖顏，廟宇已經不見了。

悟達感慨這件事的殊異，深思累世之冤，如果不是碰到聖者，這個冤不知道要結到何時才得解。因此著述了懺法，朝夕禮誦，後傳播天下。因為有感於迦諾迦尊者的慈悲三昧水，得以洗清冤業，所以取名為「慈悲三昧水懺法」。

永樂年間明成祖曾親為水懺作序，序中說，如來廣慈悲之念，啟懺悔之門，如果我們能夠一心清淨懺悔，累積的罪業可以一夕冰釋，就好像以水洗身一般，無不乾淨。「然則三昧者，其惟在於人心，而不必他求也。」可以知道，懺悔法門還在於此心，「為善則善應，為惡則惡應。」

生病多半是因為業果成熟，自己不知道冤親債主來自何處，藉著諸佛菩薩的功德力懺悔罪業，可以讓怨親債主獲得迴向或轉生善趣而遠離，從而使自己的病痛減輕或痊癒。尤其是重病或是群醫束手無策的慢性病，這兩部懺法都行之千年，為歷來釋門大德所推崇。生病時還有氣力，不妨多拜這兩部懺法，如果沒有力氣者，親人亦可為之拜懺，或是有道場舉辦法會時可以去隨喜，功德迴向給罹病的親人。

生病的時候，人是最為無助的，此時自己根本產生不出一點力量，甚至連求生的意志力都會喪失，這時最需要一些助力，讓自己的生命能量增強。一般有宗教信仰的人都會祈禱，祈禱耶穌基督、上帝的靈賜給自己力量，祈求佛菩薩、歷代祖師、上師的加持，讓自己能夠度過難關，克服身體的障礙，早日康復。

在佛教信仰中，每一尊佛菩薩都有悲心願力來解除眾生的苦、滿足眾生的願，阿彌陀佛四十八大願、藥師琉璃光如來十二大願、觀世音菩薩十二大願、普賢菩薩十大願，願願都顯露大悲心，眾生只要誠心祈求，必能感召相應。

# 放下著

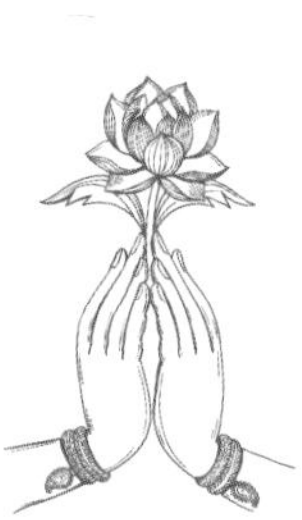


放下可以解除很多的苦惱，我們常聽人說：「放下、放下。」但就是放不下。名位放不下、金錢放不下、事業放不下、父母子女放不下、愛情放不下，周遭的事物沒有一樣不牽掛。有一首無名氏留下來的詩最能道盡人的看不開、放不下，有人說這首詩是道濟和尚也就是濟公所作的：

南來北往走西東，看得浮生總是空。
天也空，地也空，人生杳杳在其中。
日也空，月也空，來來往往有何功。
田也空，地也空，換了多少主人翁。
金也空，銀也空，死後何曾留手中。
妻也空，子也空，黃泉路上不相逢。
大藏經中空是色，般若經中色是空。

朝走西來暮走東，人生恰是採花蜂。
採得百花成蜜後，到頭辛苦一場空。
夜深聽得三更鼓，翻身不覺五更鐘。
從頭仔細思量看，便是南科一夢中。

人之所以放不下，在於還沒有看清楚名利的真相以及人的本質，從世間法中說，所有的金銀財寶、嬌妻美妾到頭來終究是一場空，一般都知道「生不帶來，死不帶去」的道理，但是總希望自己過得比以前好，所以不斷追求物質上的滿足，但是追求得越多越放不下，到臨死前仍有許多的牽牽掛掛。五代時浙江奉化縣有一位和尚自稱契此，因為經常身揹一布袋，乞食有剩則扔入布袋中，人稱布袋和尚。別人看他的布袋很重，揹在身上何苦來哉，他則點化別人揹的布袋比他的還重。我們凡人的憂悲苦惱揹在心頭上，從小增長到大到老，那口布袋不知比和尚的布袋大上千百倍，可惜人們都看不到。而布袋和尚是個證悟者，他的布袋可以收放自如，我們的卻是到死都還放不下。

布袋和尚有一偈：「我有一布袋，虛空無罣礙，展開遍十方，入時觀自在。」這布袋也象徵我們這具肉身，它可以是臭皮囊，可以是清淨身。他在將去時留下一偈：「彌勒眞彌勒，化身千百億，時時示時人，世人皆不識。」至此才知是彌勒菩薩的化現。布袋和尚在中土以大肚笑臉的形象，正是「慈心」和「放下」的外相。

禪宗最主要的心法就只有這兩個字：「放下」。趙州和尚的禪話就是「放下著」。有一位嚴陽和尚問趙州：「一物不將來時何如？」（我一切都放下了，兩手空空，心無一物，你看怎麼樣呀？）趙州說：「放下著。」（你放下吧！）嚴陽再問：「一物不將來，放下什麼箇？」（我都一絲不掛了，還要放下什麼呢？）趙州說：「恁麼，擔取去！」（既然如此，那你就掛著吧！）人往往以為自己一切都放下了，在禪者看來，就執著這一絲不掛還是個牽掛。說放下容易，真正做到心無罣礙時才算是放下了。在病苦的時候，心情倦怠，覺得世事百無聊賴，沒啥子樂趣，這時候容易放下外緣，病苦也會讓人感受到世事無常，此身脆弱，無法時時保有，很多過去追求的目標都不重要了，如果能夠對於過去牽掛的事放下些個，對於病情會有幫助。

晚唐時代的大隨禪師有一天上堂，大眾集合坐定以後，禪師突然作勢中風的樣子，嘴歪一邊，他問大眾：「還有人能醫老僧這張嘴的麼？」眾僧爭相送藥，一些居士聞風也趕緊相率送藥來，但禪師都不接受。經過七天之後，他自己一巴掌把嘴巴打正，中風好了，他說：「這麼長的時間，就這兩片嘴皮子，至今沒有人能醫老僧的口。」於是齋前陞座，跟大眾告辭，盤腿端坐圓寂了。

佛陀在《雜部經》中說：「比丘們啊！什麼是重荷呢？重荷就是五取蘊。哪五取蘊呢？色蘊、受蘊、想蘊、行蘊、識蘊。比丘們啊！誰是肩負這重荷的人呢？應當說就是某一個人，某某家族的某某尊者。比丘們啊！什麼是負起重荷呢？就是導致再生的欲望，它與貪愛結合，以一再生存為樂；這欲望就是求感官享受的欲、求生的欲、暫生的欲。比丘們啊！什麼是放下重荷呢？就是完全的斷愛、休止、放棄、屏絕、捨離，以及不接納欲望。比丘們啊！這就叫做放下。」

# 聚集能量

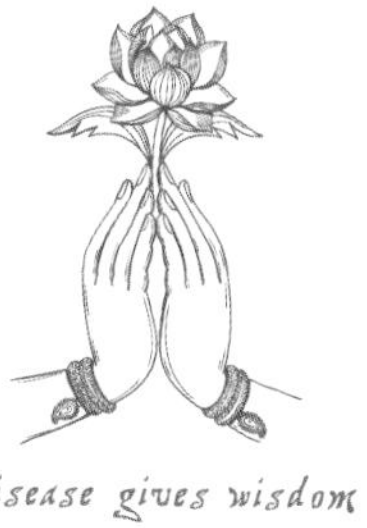


生病起因於四大不調，導致能量減弱或消散，復原的方式之一就是清除障礙能源聚集的因素，並提升能量。身心壓力帶給身體沉重的負擔，類似這種障礙必須清除，接著可以藉著禪觀蓄積能量。在大自然界中到處充滿著能量，這是人可以健康生活的原因。對人類最根本的能源就是陽光、空氣和水。

生病的時候可以審視自己的病徵，地水火風四大的不調，可以靠陽光、空氣和水的吸取達到平衡。現代的都會人因為生活的環境不好，空氣和水都汙濁不堪，汽車和工業發展所帶來的空氣汙染，尤其近年來的沙塵暴、霧霾所產生的PM2.5，不止對於人類的呼吸系統產生病變，也使得人類因為身心的不協調產生各種官能症狀，嚴重的可以致癌，輕的則引發鼻炎或躁鬱、憂鬱等症狀。都市生活的人也喝不到乾淨的水質，自來水經過處理，放入太多的氯等消毒劑，它雖然殺掉了水中的細菌，也殺掉身體內的良性細菌，導致身體失調，免疫力降低。

台灣的氣候溼熱，北部地區經常陰雨綿綿，曬不到陽光，也因為人類耗用過多的能源，造成臭氧層破洞，陽光已不再純淨，西藏的天空清朗明徹，陽光不透一點雜質，那兒的空氣和陽光才是沒有被汙染的樣態。不過，我們不住在西藏，生病的時候，可以到鄉下或中南部地區陽光和空氣以及水質好的山間，去靜養幾天，一則免除平日喧囂帶給身體的負擔，二則藉著外在的能量調養生息，換個好的環境吸收好的能量可以讓四大很快調和。如果無法轉換到好的環境，可以藉著觀想的方法，吸收能量。

## ◈一、觀想光

在藏傳佛教中觀想光是治療身體疾病一個普遍的方法。如果是冷病徵，首先讓身心放鬆，具足信心，或立或坐或臥，觀想的光源是熱的，陽光或是佛光都是能量最佳的光源。觀想一道溫暖的陽光或是佛光從頭部罩下，當光源一碰觸頭頂時，頓時升起一股溫熱的感覺，溫暖而舒服。接著光源慢慢往下照，從外到內一體徹照，它不但為你的身體帶來溫熱，所到之處，如果你的身體發冷，也因為光的到來將它注入熱能。有些冷的痼疾，就像冰凍的障礙一般，在陽光照射下慢慢融化，變成水，隨著光源流到你的足心，流出體外。在陽光與佛光的遍照下，你通體舒暢，從來沒有過如此舒適而健康的感覺，安住在這個療癒的狀態下。如果某一部分的病徵特別嚴重，把光照射在那個部位，直到感覺它已經不再疼痛或是已經達到療效為止。如果是熱的病徵，觀想的光能必須是清涼的，月光和佛光則是最佳光源。觀想光從頭部罩下，慢慢照向全身，從頭到腳就像是被洗滌一遍，通體清涼，熱腦等症狀隨著光源被稀釋、清淨。

如果是腫瘤，觀想光像是一道雷射光，它一碰觸腫瘤的部位，就把腫瘤細胞碎裂、分解，融入光中，慢慢往下流到足心，流出體內，光繼續在腫瘤的部位照射，彌合它的傷口。觀想治療痼疾和腫瘤需要長一點的時間，因為它頑強堅固，光能是柔和但卻是有力量的。

感染了像是ＳＡＲＳ或新型冠狀病毒肺炎的疫病，在配合醫護人員的照料之餘，也可以觀想光照射在肺部或是喉嚨不舒服的區域，讓光的溫熱慢慢把病毒消融，流到足心、流出體外，讓受傷的肺部修復。喉嚨的不舒服可以透過觀想的方式，也可以透過喝溫熱開水的方式，在水流過喉部時稍微停駐，融化病毒，最終排出體外。

如果是血管阻塞，觀想光經過血管，堵塞的血塊經過光的照射而融化，隨著光線的下移，將壞的血塊和組織帶到體外。其他疾病也可以運用這種方式自行治療，像是膝蓋因運動傷害造成的韌帶或軟骨受傷，除了配合醫生的指示復健，可以觀想光在膝蓋部位彌合受傷的軟骨，並帶給它療癒的能量。

## ◈二、觀想水

像光一樣，水也可以喚醒內在的療癒力量。觀想佛所加持過的甘露水、大悲水，或是帶有特殊療效的藥水，從頭部頂輪中灌注而下，流經中脈，經過眉心輪、喉輪、心輪、臍輪、生殖輪、海底輪，中脈流過處像河流一樣，又流向旁邊的左脈、右脈以及遍布全身的血管、微血管，甘露水流過的地方不僅消弭了我們的病症，同時注入療癒的能量，如果病徵是冷的，可以觀想水是溫熱的，如果病灶是熱的，可以觀想水是清涼的。腫瘤、血管阻塞或是其他的病症，都可以用上述的方式，以觀想水來治療。

此外，可以觀想水療，視自己身體狀況觀想泡在溫熱的、或是清涼的水池中，全身放鬆，清安、漂浮、舒適，讓水來減輕你的心理壓力、治療你的身體病痛。如果有類似肌肉骨骼的痠痛或病變，像是五十肩、風濕痛、關節炎，可以觀想水柱以最適當的力量衝擊病痛處，有化解痠痛和病變的功能，讓你全身舒暢得到治療的效果。

水的特質是清涼、柔軟、寧靜、和諧，一個人的性格如果像水一般能容能受、能淨能化、能滋長能溫潤，他難道不是一個聖者嗎？老子也說過：「上善若水，水善利萬物又不爭」、「天下柔弱莫過於水，而攻堅強者莫之能勝，其無以易之。」在復健的時候，甚至於沒有病痛的時候，靜坐時可以觀想水，一潭明淨清涼的湖水、山間潺潺的瀑流、穿流林間的小溪，都可以使人輕安、平和，它的療效力量是不可輕忽的。

## ◈三、導引氣

氣是生命的能量，雖然看不到，但從傳統道家的學說，氣是存在的，而且是生命的起始，我們常說元氣、元氣，生病的人尤其要恢復元氣。氣有內氣和外氣，外氣就是指外在的空氣和磁場，生病的人最好是找個好的氣場養病；內氣則是指自身內部的元氣，生病的人多半都傷了氣，可以藉著一些導引術恢復元氣。這一類的書籍很多，從《黃帝內經》開始到道家的導引術，乃至後來發展的氣功，張三手的太極門以及王重陽的全真門等等，都有兼及氣功的修練，對於養身、養生都是有幫助的。

最簡單的導引術就是吐納，也就是有意識的呼吸，觀注自己的呼吸，慢慢的吸，腹部隨著吸氣鼓起，至吸滿氣時吞嚥一口水，再張口慢慢吐氣，腹部隨著內縮，至吐淨為止，再從頭一個吐納，如此循環反覆。它可以調順內部的氣理，使五臟六腑得到休息，恢復元氣。

再進一層則有《雲笈七籤》所載的吐氣六法：「吐氣六者，謂吹、呼、唏、呵、噓、呬，皆出氣也。吹以去熱，呼以去風，唏以去寒，呵以下氣，噓以散滯，呬以解極。」天台《小止觀》有解釋此六字訣與五臟三焦之間的關係：「心配屬呵腎屬吹，脾呼肺呬聖皆知，肝臟熱來噓字至，三焦壅處但言唏。」明朝冷謙則說明練此六氣的方法：「肝若噓時目瞪睛，肺知呬氣雙手擎，心呵頂上連叉手，腎吹抱取膝頭平，脾病呼時須撮口，三焦客熱臥唏寧。」

藏傳佛教的瑜伽修行中，對於氣、脈、明點的掌握是很重要的基礎。修氣時一開始練習拉氣，吸氣時觀想氣從頂輪入中脈而下，順左右脈而上呼出，與道家的走任督兩脈類似，但路徑不同。另外還有兩種方法——

## ◈九節佛風

右鼻三風、左鼻三風、兩鼻三風，一共九節，吸氣時觀想無量的五彩氣（紅黃藍白綠）猶如天邊的彩虹般盡吸入體內，吐氣時觀想體內的病氣、濁氣、廢氣由鼻孔、毛孔、十指尖一併排出。

## ◈寶瓶氣

主要是修四息：首先是引息，觀想前方有一靈息輪圖，輕緩將氣息引入，充滿肺腔後下行，提肛使下氣上提，兩氣集於丹田，氣如聚於瓶中飽滿，慢慢讓它散於體內遍及全身，謂之滿息。滿息後再吸幾口短息，使肺部及全身氣息均衡，謂之均息。最後由兩鼻孔輕微和緩的呼氣，隨即粗重，最後如射箭般呼出，全身毛孔同時釋放出瓶氣，謂之射息。射息時保留微少的氣息，不要吐到氣息無存。九節佛風與寶瓶氣這兩種修法要由上師的指導下為之。

修氣的方法有很多，各家的氣功導引對於提升免疫力都有作用。民間比較常見的功法例如八段錦、香功、太極拳等都是養生很有效的導引氣功。生病時可以視自己身體的活動能力，做一些氣功導引。預防傳染病，練氣功是很好的對治方法。如果自己沒有體力，或是行動不方便練氣，可以觀想佛菩薩或是某一位與你心契的祖師爺來幫你按摩、導氣，讓你渾身舒暢，解除病苦，經過多次的觀想，疾病因此不藥而癒。

這些方法其實就是一般所謂的自然療法。泰國的一位修行者佛使比丘一九九一年生病時，醫生和他討論住院治療的細節，勸他到曼谷接受治療。佛使比丘說：「以法的治療和自然治療為主要原則，這是我一貫的主張，你們只要協助病人讓他的生命維持下去就可以了，然後大自然會依照它的法則治療，能活多久就活多久，只需適宜即可。自然法則將是治療者，若以高層次的說法，我們稱之為法，一般的說法稱之為大自然。這個原則已經存在很久了，還有什麼問題呢？我們可以探討疾病、死亡、痛苦的狀況，使這些更加清晰，有一次的不舒服就增加一次的智慧。」

# 念佛持咒

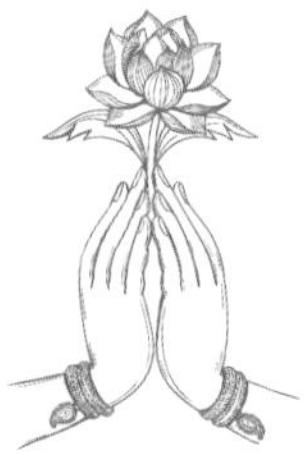

*Disease gives wisdom*

## ◈彌陀與觀音

印光大師說：「凡念佛處，疫不入境，念彌陀，不獨邀淨友念，當於村中及近村宣告，無論老幼男女，通皆吃素，念南無阿彌陀佛。大家各人在各人家裡，一路做事一路念，於行住坐臥中常念，決定可以不遭瘟疫。」

台灣的佛教信仰中，觀音菩薩和阿彌陀佛是最受信奉的。所謂「家家彌陀佛，戶戶觀世音」，平常修行淨土法門的人就有念佛號的習慣，當生病的時候或是疫病流行的時候，誦念佛號一樣有力量。「一句佛號，罪滅河沙」，至心稱念一句佛號的功德可以滅卻我們如恒河沙數的罪業。

淨土法門是依據淨土三經，以持名、觀稱阿彌陀如來及極樂世界依正莊嚴，由西方三聖或阿彌陀佛或觀音菩薩或大勢至菩薩，接引往生。因為容易接受，簡單易行，是目前台灣比較風行的法門，流行最廣，影響也最大。所謂淨土三經就是《觀無量壽佛經》、《佛說無量壽經》、《阿彌陀經》。

東晉慧遠法師聞道安講《般若經》，有所感悟而出家，後到廬山，結茅為舍，集眾於六時念佛求生西方，是為中國淨土宗之始，又因鑿池種蓮，號稱蓮社，因此淨土宗又稱蓮宗，淨土宗的高僧大德甚多，其後像是長安善導、永明延壽、雲棲蓮池、靈峰藕益等大師，都是以念佛為依歸，並遺戒弟子要「老實念佛」，近代則以印光大師被視為蓮宗十三祖，當代念佛成就者則以廣欽和尚為代表。

淨土法門主要是以念佛為修持方法，有實相念、觀相念和持名念，又以持名念阿彌陀佛和觀世音菩薩名號最為普遍，一句佛號統攝一切法門，其作用在於息妄心得正念，念到一心不亂，自性即彌陀。根據〈大勢至念佛圓通章〉的法要，念佛要如子憶母，若眾生心憶佛念佛，現前當來必定見佛。至於方法則是「都攝六根，淨念相繼」，如此自能進入三摩地。主要是用意根繫念於佛，意根一旦收攝，其他五根也都不動，自然是一心清淨。以心生淨念為因，得生淨土為果，依因感果，因果一致。

稱念佛號的時候，因為一心不亂，加上諸佛菩薩的功德力，往往可以使人忘卻病苦，由於不再理會病痛，一心只求生西方極樂淨土，病灶反而因此好轉。念誦方法有很多，坊間流通各有不同的旋律和音調，有四字聖號「阿彌陀佛」、「觀音菩薩」，有六字聖號「南無阿彌陀佛」、「南無觀音菩薩」，還有唱誦的方式，配合緩慢清淨的旋律，使人心能迅速安止，進入定境。

# 六字大明咒

至於咒語，有不可思議的力量。觀世音菩薩由耳根圓通證入無上菩提之後得到「四不思議無作妙德」，《楞嚴經》說：「由我聞思，脫出六塵，如聲度垣，不能爲礙。故我妙能現一一形，誦一一咒。其形其咒，能以無畏施諸眾生。是故十方微塵國土，皆名我爲施無畏者。」觀世音菩薩為了度生宣說咒語，無量無邊，能超越十法界，鬼神不知，凡夫難測。念誦咒語可與諸佛菩薩相應。密宗有謂「一切音聲皆是陀羅尼」，世間任何音聲都是陀羅尼，只有如實證悟的行者才能深解其意。

咒語就是陀羅尼的意思，念咒又稱為總持法門，在藏傳佛教中，每一本尊都有咒語，修持時要身、口、意與本尊相應，身結七支座、手結本尊印，口誦本尊咒語，意觀本尊形相，念咒只是修持儀軌的一小部分而已。修持一個本尊法門必須在上師指導下修完加行，接著透過灌頂儀式再從前行、正行、結行依序從生起次第到圓滿次第起修。

不過現在一般人為了方便隨時修行，也就不講究整個儀軌，咒語可以隨時念誦，有些人隨時在念咒，不論漢傳還是藏傳，最普遍的咒語就是四臂觀音的「六字大明咒」和千手千眼觀音的「大悲咒」。

六字大明咒是以何因緣傳世的呢？相傳釋迦牟尼佛住世時，除蓋障菩薩懇求世尊傳授大明咒，世尊說：「我於過去世曾經向蓮花象王佛學習此咒。」而蓮花象王佛在無數劫前曾至西方極樂世界見阿彌陀佛，阿彌陀佛乃請觀世音菩薩傳授此咒。世尊於是對除蓋障菩薩說：「你到印度某城的一位居士家中去求授，彼起止汙穢，且有妻有兒，不可輕視，彼實為觀世音菩薩化身也。」於是除蓋障菩薩前往謁見居士，居士傳授大明咒後示現種種神變。可知此咒一直都是觀世音菩薩所傳。

六字大明咒神妙殊勝，「嗡嘛呢唄美吽」六個字，無論男女老幼皆可念誦，念誦時需至誠皈依觀世音菩薩，心緣一境，不可散亂，行之既久，禍亂悉免，祈求無不如意。每次至少念一百零八遍。念時觀想藏文六字真言字母，分別放出白紅黃綠藍黑六種光芒，照見六道眾生，又「嗡」由菩提心發出入十信位，「嘛」入十住位，「呢」入十行位，「唄」入十回向位，「美」入十地位，「吽」入金剛乘大覺位。故念此咒能超十地，成正覺。六字大明咒真言博大，奧意甚多，可以參研《大乘莊嚴寶王經》。

藏傳佛教薩迦派的大寺院曾經發生一場疫癘，蔓延十分嚴重，不論密咒師採用什麼方法，像是念經誦咒、獻食子、帶護身符都完全不管用，寺院幾乎面臨崩解的地步。此時大成就者唐當迦波虔修虛空皈依法，念六字大明咒，並誦祈請文，法一修，疫癘即時消滅。後來這個祈請文加上六字大明咒被定成儀軌，題為《度脫薩迦疫癘經》，可知六字大明咒對於疫病有調伏力。

# 大悲咒

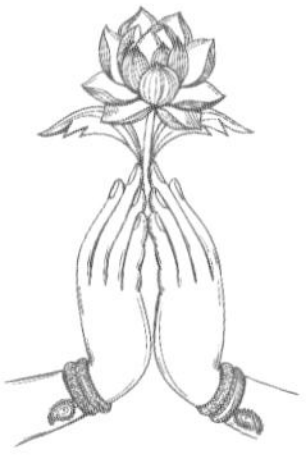

Disease gives wisdom

至於大悲咒在台灣更是受到三寶弟子的重視，一般寺院中早晚課都要唱誦。大悲咒也是觀世音菩薩所宣說，他是從千光王靜住如來那兒得來的。在《千手千眼無礙大悲心陀羅尼經》中，觀世音菩薩說：「在過去無量億劫，有一佛名千光王靜住如來，他十分憐憫我及一切眾生，宣說廣大圓滿無礙大悲心陀羅尼，以金色手摩我的頂說，你要好好持此心咒，普為未來惡世一切眾生作大利樂。我在那時才住初地，一聽到此咒，頓超八地，心生歡喜，發誓弘布，安樂眾生，即時應願，身生千手千眼。」

以觀世音菩薩的願力故，誦持此咒者現生能得十大利益：能得安樂，除一切病，延年益壽，常得富饒，滅一切惡業重罪，永離障難，增長一切白法諸功德，遠離一切諸怖畏，成就一切諸善根，臨命終時任何佛土隨願得生。持誦此咒者得十五種善生：生處常逢善王，常生善國，常值好時，常逢善友，身根俱足，道心純熟，不犯禁戒，所有眷屬恩義和順，資財豐足，常得他人恭敬扶接，所有財寶無他劫奪，意欲所求皆悉稱遂，龍天善神恆常擁衛，所生之處見聞佛法，所聞正法悟甚深義。

誦此陀羅尼者不受十五種惡死：不為飢餓困苦死，不為枷禁杖楚死，不為怨家仇對死，不為軍陣相殺死，不為虎狼惡獸殘害死，不為毒蛇蚖蠍所中死，不為水火焚漂死，不為毒藥所中死，不為蠱毒害死，不為狂亂失念死，不為山林崖岸墜落死，不為惡人厭魅死，不為邪神惡鬼得便死，不為惡病纏身死，不為非分自害死。

誦此陀羅尼者當知其人：是佛身藏，九十九億恆河沙佛所愛惜故。是光明藏，一切如來光明照故。是慈悲藏，恆以陀羅尼救眾生故。是妙法藏，普攝一切諸陀羅尼故。是禪定藏，百千三昧常現前故。是虛空藏，常以空慧觀眾生故。是無畏藏，龍天善神常護持故。是妙語藏，口中陀羅尼音無斷絕故。是常住藏，三災惡業不能壞故。是解脫藏，天魔外道不能稽留故。是藥王藏，常以陀羅尼療眾生病故。是神通藏，遊諸佛國得自在故。

大悲咒具有不可思議的殊勝功德，經中都有詳述，如果有人誦持此陀羅尼，就好像在大海中沐浴一般，眾生如果霑到這人的浴水，一切惡業重罪悉皆消滅。如果誦持者行於道路，大風來時吹過這個人的身體髮膚，被餘風飄到的眾生，一切重障惡業並皆滅盡，不受三惡道的果報。所以大悲咒有如此神力，都是來自觀世音菩薩的悲心願力，若如法誦持必得大利。生病者多誦持，自能得力。經中說：「誦持此神咒者，世間八萬四千種病，悉皆治之，無不差者。」

準提法門在台灣亦有不少人專修。準提佛母是密教部觀音的一個化身，準的意思是不空，提的意思是絹索，準提菩薩又稱不空絹索菩薩，代表佛母以慈悲的絹索救度有情，其心願不會落空，又稱七具胝佛母。在唐密和東祕特別重視，相傳文天祥在獄中就是修持準提咒，而能不畏死。近年來台灣也很重視準提法門，不少道場都有傳揚此一法門。

修此法門者，凡事一切殊勝無不如意，能降服一切邪魔。準提咒如下：

「南無颯哆喃，三藐三菩馱，俱胝喃，怛姪他，唵，折隸，主隸，準提，莎訶。」平時專修準提法門者，在生病的時候念此咒也有神效。

# 蓮花生大士心咒

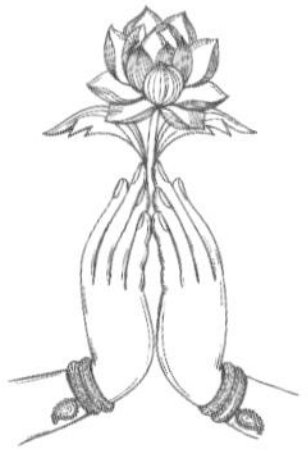

Disease gives wisdom

藏傳佛教中兩種咒對於疫病的驅除至為威猛，一是蓮花生大士心咒，一為山林葉衣母心咒。我第一次讀到蓮花生大士所作的《無染覺性直觀解脫之道》時，直接感悟到那是直指人心、契入法旨的要訣，既無前行，也無續修與結行，更沒有一般密法的生起次第、圓滿次第，與禪宗的法要一致。

蓮花生大士說，唯有先識破空性與覺性不二，方能證入佛性無礙。從自性觀之，不論凡俗，娑婆與涅槃本來不二，只因為不斷造作貪瞋諸毒，所以流轉於娑婆世間。開啟本覺的要點就是：清除過去之念，不留纖毫痕跡；向未來之念開放，不受他境所染；安住當下心境，不修整不造作。

他說，當你外觀身外虛空，一無雜念，亦不受外境所染；你再內觀自性，亦無一念者向外造境，那微妙的心性，便空明朗淨、無垢無染。你的本覺淨光即是法界本身，好像無雲晴空中的太陽，光明遍照，不論你了解與否，此是最勝義法。這當下的本覺空明朗淨，無實可執，僅此即是無上的知見；它含括一切，卻不受任何觀念事物所羈，僅此即是無上的修持；它不修不整，又是言語道斷，僅此即是無上的道行；無須四處追求，它本來圓滿具足，僅此即是無上的證果。

在藏傳佛教的傳承中，誦持咒語最好經過上師灌頂，從儀軌中生起信心，經過觀想蓮師，觀想自身為金剛瑜伽女，透過虔敬的祈請讓蓮師從法界生起，蓮花生大士說過：「凡對我具足信心者，我都會在他面前出現。」之後安住於無分別的空性與明覺之中，唸誦蓮師心咒：「嗡阿吽　班札　咕嚕　貝瑪　悉地　吽」。

「嗡阿吽」就外層而言是身、語、意，內層而言是脈、氣、明點，密層而言表示蓮花生大士相應於三身：法身阿彌陀佛、報身觀世音菩薩、化身蓮花生大士的三個面向，是大悲、光明、空性。「班札」代表蓮師不變的、堅固的智慧。「咕嚕」外層是上師的意思，追隨他的教導能獲得重大的利益，內層是金剛薩埵，密層是清靜的本覺。「貝瑪」意指蓮花，也是咕嚕仁波切的名字，外層是金剛持上師和蓮花淨土中的眷屬，內層是菩提心的明點壇城，密層是空性與明覺的壇城。「悉地吽」指對蓮師祈願，祈請他賜與共和不共的成就，外成就是息增懷誅四種事業，內成就是八種悉地，密成就是指於自心生起殊勝了悟的成就。此十二字真言即是圓滿一切事業無礙之意。

經過灌頂的密乘弟子，在病中可以反覆唱誦蓮師心咒。當SARS疫情肆虐台灣，噶瑪噶舉傳承十七世大寶法王要求弟子修忿怒蓮師法。蓮花生大士受藏王赤松德貞之請，入藏弘法二十年，降服外魔，修建寺廟，功德浩瀚。忿怒蓮師主尊之事業功德為鎮伏障礙、病魔、瘟神、惡龍、山精、鬼魅、邪毒，他的法對於疫病特別威猛，誦其心咒滿三百萬遍，自身有如金剛鎧甲，百邪千毒不侵。

# 山林葉衣母和綠度母心咒

山林葉衣母的修法早在唐代已經傳入漢地，三藏法師不空譯有《葉衣觀自在經》，觀世音菩薩承佛威力宣說此葉衣觀自在陀羅尼，是觀世音菩薩的化現之一，其功德為：「平息諸凶惡，能奪諸病痛，名為葉衣母，瑜伽師當修，金剛持佛說。」《幻化網續》有云：「復次，佛入戰勝一切疾病金剛三摩地後，說此除大憂苦之明咒、山林葉衣母陀羅尼，時諸佛國大地震動，損惱病殃，羅剎惡眾，是皆驚恐悶絕。」本尊形貌有寂靜忿怒之別，身色有紅黑黃青綠，其心咒為：「唵 毗沙逝 帕納沙哇里 捨哈 吽 呸 梭哈」。有灌頂修過此法者，在SARS和新型冠狀病毒肺炎蔓延時，修此法可以遠離疫癘。

綠度母心咒也是遠離疫病的咒語之一。在無量劫前，一名叫般若月的女子。她因經常供養諸佛及僧眾，所以被僧眾授記來世可以轉為男身，但般若月卻發誓以女身修持，以女身成佛，且以女身化現來利益眾生，故此，最終成佛後仍以度母女相度化眾生。她也被認為是觀世音菩薩的化身。修持度母咒可以長壽美麗，也可以消災除障。她的心咒是：「嗡　答列　都答列　都列　梭哈」，咒語的意思是「我禮敬救度者，一切勝者之母」。第三句「都答列」意指將帶領你從八種恐懼中解脫，免除真正的苦因。第四句「都列」意指使你從疾病中解脫。從疾病中解脫的角度來看，這對於疫病當然有解除的功能，但我們真正的疾病是無明和無明引起的一切煩惱。當這些煩惱的疾病止息了，一切的痛苦以及它所產生的困難也會停止。

# 誦經消災

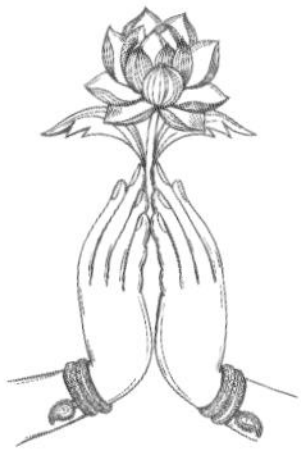

Disease gives wisdom

有些經文靠著佛菩薩的威神而具足讓人生起信心、頓悟菩提的功德力；也由於佛菩薩的願力，對於治病、遠離災厄等都具有相當大的效力。在釋迦牟尼佛的說法中有一尊佛是專為世間人的病苦而來，他就是東方藥師琉璃光如來。佛陀宣說他功德願力的經就是《藥師琉璃光如來本願功德經》。

弘一法師特別推崇藥師法門之廣大，並舉出四端說明：一、維持世法；二、輔助戒律；三、決定生西；四、速得成佛。他認為藥師法門不但言及出世間法，對於實際的生活亦特別重視。尤其是消災除難、離苦得樂，讓人在現生之中得到法益。其次，修行藥師法門可以得到上品圓滿的戒。此外，藥師法門是一乘速得成佛的法門，讓人發起悲智的弘願。弘一法師還特別叮囑持念藥師佛名的方法，應該依經文念「南無藥師琉璃光如來」不可念「消災延壽藥師佛」。

佛陀告訴阿難藥師佛的功德數不盡：「阿難，彼藥師琉璃光如來，無量菩薩行，無量善巧方便，無量廣大願，我若一劫，若一劫餘，而廣說者，劫可速盡，彼佛行願，善巧方便無有盡也。」藥師佛在修行菩薩道時發了十二大願，其中第七願就是針對病苦眾生而發：「願我來世得菩提時，若諸有情，眾病逼切，無救無歸，無醫無藥，無親無家，貧窮多苦；我之名號，一經其耳，眾病悉除，身心安樂，家屬資具，悉皆豐足，乃至證得無上菩提。」

另外，佛陀告訴曼殊室利：「彼藥師琉璃光如來得菩提時，由本願力，觀諸有情，遇眾病苦，瘦攣乾消，黃熱等病；或被魘魅蠱毒所中，或復短命，或時橫死，欲令是等病苦消除，所求願滿。」藥師佛哀憫眾生病痛太多，太瘦太胖、乾癟、糖尿病、肝膽病、鬼魅病、中邪或是細菌、傳染病，透過他的願力，讓眾生所求滿願，消除病苦。

當佛陀在宣說此經因緣時，有十二位藥叉大將，各領有七千位藥叉部屬，同時告訴世尊，他們發願追隨藥師琉璃光如來保護一切有情眾生，使他們得到饒益安樂。十二位藥叉大將頗有功德力，印度的唯識學論師名叫護法，想要等到彌勒菩薩降生後證明他的說法對不對，暫時不想肉身死亡，於是他持念藥師如來的名號求長壽，又念十二藥叉大將的名字，結果一個山洞的岩石打開，藥叉大將親自領他入內，並把洞口封了，守護他在裡頭入大定，直到彌勒佛的降生。

經中有說，如果有此經流通之處，有能受持，那個地方就不會有橫死，也不會被諸惡鬼神奪去精氣，被奪去的也會恢復如故，身心安樂。因此，念誦此經有種種功德。弘一法師略述了修持儀軌，共分七門：禮敬、讚嘆、供養、誦經、持名、持咒、迴向。誦經、持名、持咒可隨己意，或僅修一法或二法。

藥師咒也有不可思議的法力，時藥師佛入「除滅一切眾生苦惱」大定，宣說神咒：「南謨薄伽伐帝，毗殺社，窶嚕薜琉璃，鉢喇婆，喝囉什也，怛他揭多耶，阿囉喝帝，三藐三勃陀耶。怛姪他，唵！毗殺逝，毗殺逝，毗殺社，三沒揭帝，莎訶！」說此咒已，大地震動，放大光明，一切眾生病苦皆除，受安穩樂。

在生病的時候，念誦藥師經、稱念藥師琉璃光如來名號、或是念藥師咒都可以消災免難，身心得安樂。

另外一本很著名的經就是《大通方廣懺悔滅罪莊嚴成佛經》簡稱《大通方廣懺》別名《大解脫經》，本經也有不可思議的功德，尤其是針對癘疫。周叔迦的《法苑談叢》中曾經引述古籍說：「梁代有《大通方廣懺》，其源始於荊襄，本以癘疫，祈誠悔過，感得平復。」

經中有說：「佛言，此經名爲大通方廣，能破魔境、壞外道軍、消除煩惱、能解五欲邪見繫縛、破三界獄、脫諸生死、向涅槃舍。……若人以三千大千世界滿中珍寶以用布施，不如聞此經名，稱勝於彼。……身雖凡夫，讀持是經，智同聖慧；本雖煩惱，讀持是經，共諸佛如來同有涅槃。」獅子吼菩薩在經中有說：「是方廣經典，諸佛之母，菩薩大道，學者眼目。攝諸邪見，救護失心，閉三惡道，開無上菩提門。」

此經蒙諸佛菩薩親口授記，龍天立誓擁護，所以這部經典靈驗神異，尤其在懺悔滅罪的功德上，不可思議。藏傳各教派僧侶莫不持誦讚嘆，尤其是久纏病禍，痼疾不癒，或是輾轉於呼吸之間，這部經具有回生度生之功。如果可以續命的話，病能夠立即痊癒，否則能令患者迅速脫離病痛銷蝕，並有度亡滅罪超生、消災解厄的效力。經中載有懺悔、持誦經咒的方法，傳入西藏後頗受重視。寧瑪派白玉天法伏藏傳承祖師米局多杰的根本上師、噶舉派的恰美仁波切也曾根據此經造一短懺法。

南北朝期間，陳文帝曾御製《大通方廣懺文》，並依經教建寺行方廣懺悔，念誦經文，「願諸佛菩薩尋聲計響，放淨光明照諸暗濁，施清涼水滅茲渴愛，登六度舟入三昧海，總萬有而會眞如，齊三界而登實法。」唐穆宗長慶三年（一四八三年），日本亦召空海、勤操、長惠等僧入清涼殿，修此大通方廣經。

南朝梁鍾山開善寺住持智藏法師，有一天碰到一位相命師，告訴他：「法師聰明蓋世，可惜壽命不長，只能活到三十一歲。」那時智藏法師才二十九歲，於是停止講經說法，每天虔誠念誦《金剛經》，禮佛懺悔罪業，到了三十一歲的歲暮，一天忽聞空中響聲：「你的壽命本該終了，因為你念誦般若經的功德力，得以增壽。」後來再遇那位相師，相師大吃一驚，藏法師才告知原因，知念經功德不可思議。值此亂世，天災、刀兵、旱潦、瘟疫橫行之際，多多持誦經典，當得消除罪業，速得解脫。

# 止觀雙運

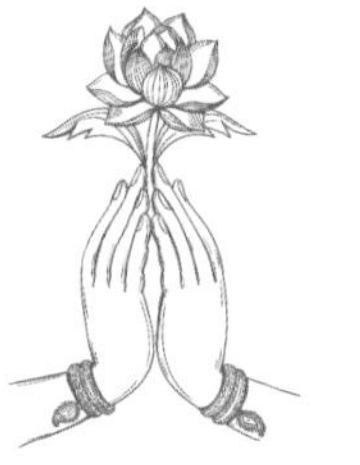

Disease gives wisdom

止觀是佛教中修行的基本法門。止能夠讓心靜下來，進而得定；觀是觀照讓心眼打開，進而得慧，一般稱是止觀雙運、定慧雙修。因為我們的念頭東流西竄時刻不斷，就像是孫悟空一樣，一個跟斗十萬八千里，一下跑到美國去，一下跑到工作上去，一下回想昨天，一下遙想明天，沒有一刻安住，心被攪動得像是一杯混濁的水一樣，如果不停下來，根本無法沉澱，永遠也見不到清水。止是讓心先安定下來，心安定以後才有可能看清楚事情的真相。

修止觀的方法有很多，一般修止的方法是繫心一緣，把散亂的心綁在一個所緣境上，南傳以及漢傳修止最常用的方法是觀呼吸，也就是觀照呼吸的進出。漢傳主要是以天台的六妙門為基礎，以數息和隨息為入門，也就是數自己的呼吸，一個呼吸數一，從一數到十，再從頭來一遍從一數到十，熟練之後就不用再數數，只是靜靜的將意念觀照著呼吸的進出，就是隨息。六妙門的次第是「數、隨、止、觀、還、淨」，進入定境之後才起觀，最後達到清淨的境界。

南傳的觀呼吸是根據《大念處經》的「安那般那念」的方法，從覺知長短息入手。這是佛陀教導他的兒子羅睺羅的方法，羅睺羅以這個方法七天即證阿羅漢果。也可以配合「四念處」起修，第一階段「身觀念處」：覺知自己呼吸的長短，出入息長時知出入息長、出入息短時知出入息短，了了分明，並藉此體驗整個身息的寧靜。第二階段「受觀念處」：覺知喜樂的感受，並藉著出入息繫念善學，接著覺知心支配身體的狀況。第三階段「心觀念處」：藉著呼吸觀察心的現狀，藉著練習控制心到運用自如的狀態，可以使它升起極喜，可以讓它進入定靜狀態，並學習心解脫。第四階段「法觀念處」：於出入息間觀無常，即無常觀，觀得越深道果越明顯；接著練習離欲觀，在每一呼吸間練習脫離貪欲；接著練習滅盡觀，在每一呼吸間觀照煩惱滅盡；最後是修習捨棄觀，在每一呼吸間觀照捨棄的情境，觀見煩惱痛苦已經完全捨棄。這是南傳的出入息觀，也就是觀呼吸的法門。

在佛陀晚年有一次雨季來臨，佛陀和阿難安居於竹林村，此期間佛陀罹患重病，有如瀕臨死亡一般的痛苦，他就是以不間斷的正念來轉化痛苦，他內心思惟：「我不可以不告知弟子、不訓誡比丘眾就此入滅了。努力精進以承受病痛，並留住壽命吧。」以此思惟，佛陀的重病竟然就痊癒了。之後他告訴阿難：「你們要以自己爲明燈，以自己爲依憑，不依賴他人而安住；要以法爲明燈，以法爲依憑。」佛陀並解釋所謂的法就是四念處。佛陀說：「比丘應隨時觀察身、受、心、法，不斷卻除世間的貪愛與煩惱，專精秉持正念正知安住於四念處，才是自燈明法燈明。」所以佛陀自己有病苦時也是依四念處而住，不僅可以治療病苦，同時可以斬斷世間的煩惱。

藏傳佛教的止觀法門有很多，止的方法也是要使得心能夠安住，除了觀呼吸的法門之外，還有觀明點、觀佛相的方法。觀明點就是觀想眉心間有一個小小明亮的光球或是白色明點，將心專注在此光點上，合為一體。觀佛相就是觀想釋迦牟尼佛或是專修法門的本尊安坐在我們的心間，非常清晰、明亮，一直維持平靜的狀態。而觀的目的則是了悟心的本質，當我們的心平靜的時候，我們審視它住於何處，心在哪裡？我們會發覺心無所住。緊接著我們觀照念頭的升起，它是從哪裡來的？住於何處？是什麼樣子？到哪裡去？我們發覺念頭不起於任何地方、不住於任何地方、不到哪裡去，它們不獨立而存在，只是緣起緣滅。念頭的力量很大，它可以讓一個失戀的人不吃不喝、讓一個瞋怒的人失去理智而殺人。但是經過止觀禪修的人已經能掌握它的本質，知道它不過是無明的戲論，不再受它的操弄和左右，代之以清淨的覺念。

生病的人如果能運用止觀的方法來觀照身心的起伏，它不只可以轉化病苦，還可以了悟了心的本質，解除人生其他的苦惱，苦惱減少以後，身體的狀況自然跟著改善，這是「放下」的功德。緬甸的溫瑪拉尊者曾經來台指導禪修，他在開示中說道：「病也是個空性，即使是患了絕症，一樣不理它，仍一心觀照呼吸，不要有恐懼心，就隨因緣業力去轉吧！只要一息尚存，不要忘記觀呼吸。」

在疫情中被隔離的人，尤其應該好好利用這十四天練習止觀法門，一則讓過去從來沒有得到休養生息的身心喘一口氣，二來可以藉此機會觀照自己的生命本質，重新體會生命的意義和價值。很多人建議在這十四天好好看幾本書，但那對重新審視生命的意義沒有任何作用，這十四天應該讀的是自己的心。有禪修經驗的人可以運用止觀的方法精進，當作自己在打禪七；沒有禪修經驗的人，可以藉著十四天的隔離開始學習止觀法門，從觀呼吸入手，看清楚自己忙亂無章的念頭，看清楚自己每天過的是什麼樣的日子。

# 正念當下

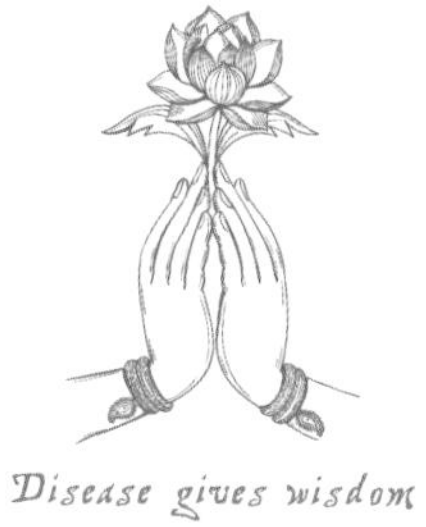


正念是當前很流行的修行方法，也是佛教很基礎的方法。一般人聽到「正念」兩個字，認為就是心要存正當的念頭，是與「邪念」相對立的名詞。但是在佛法上，「正念」的反意詞是「失念」，巴利文的正念 sammā-sati，其實是正覺的意思，在修行的過程中要時時提起覺念，失念就是覺念不在。佛陀的意思就是「覺者」，也就是時時在覺念中，不曾忘失。

在佛教的修行方法中，有一個重要的法門就是「正念」。尤其南傳原始佛教非常強調，在三十七道品中，四念處的核心就是「念」，在五根、五力中有「念」，七覺支中有「念覺支」，八正道有「正念」，顯見，「念」是南傳佛教的重心。北傳佛教雖然強調大乘菩提心與慈悲心，但是正念也是修行的基礎，南傳所謂的「正念」，在北傳稱為「觀心」。

以禪宗為例，禪宗最重視的是觀心法門，達摩在《破相論》中說道，「如果有人一心想要追求佛道，以什麼方法最為簡要呢？唯有觀心一法，最為省要。」又要如何觀心呢？「一切眾生悉有佛性，無明覆故，不得解脱。佛性者，即覺性也。但自覺覺他，覺知明了，則名解脱。故知一切諸善，以覺爲根；因其覺根，遂能顯現諸功德樹。涅槃之果德，因此而成。如是觀心，可名爲了。」

但是現代人對於禪宗的修行方法多不明瞭，以為打坐、參話頭、參公案為主，破初關、重關、牢關，總認為太難了，以致多不能入手，如果能從覺照下手，進入觀心法門，就抓到禪宗修行的要點了。最容易明白的就是大珠慧海禪師回答源律師的問話。

傳燈錄中有一則公案，源律師問大珠慧海禪師：「和尚修道，還用功麼？」大珠和尚說：「用功。」問：「如何用功？」答：「飢來吃飯，睏來即眠。」問：「一般人不都是這樣？和尚用功和他們有何不同？」大珠說：「不同！」問：「有何不同？」答：「一般人吃飯時不肯吃飯，百種需索；睡覺時不肯睡覺，千般計較。所以不同！」

「吃飯的時候吃飯，睡覺的時候睡覺」就是念住當下，有些人說是專注，但「正念」和「專注」是不一樣的。一般人做事很專注，是整個心投注在對象上，例如很專注的看一本書，心都隨著書的內容起伏；看電影也是一樣，整個心都融入劇情裡。但正念不同，正念是提起覺性，覺是客觀的第三者，沒有情緒，不會隨著劇情起伏，但他清楚明白整個劇情的發展。

為什麼要提起正念？因為人的念頭隨著心情翻騰起落，無時無刻不是處於失念狀態，也就是處於做夢的狀態，晚上睡覺做昏沉夢，白天做白日夢。所以禪宗經常譏諷人「拖著死屍」、「醉生夢死」

禪宗還有一則「嚴喚主人」的公案，瑞嚴院師彥禪師每天都自言自語的喊著：「主人公！是！」「要時時保持清醒喔！是，知道了！」「任何時候都不要被騙喔！是，是！」他為什麼要這樣自言自語呢？就是要提醒自己時時保持覺念，不要被念頭帶走了。

正念又該如何起修呢？也不難，就是時時提起覺性，觀照當下。但是要觀照什麼呢？說是觀心，但心念紛飛，根本無從掌握，不知道如何觀起？所以要打坐。有了打坐的基礎，心靜下來之後，才有能力起觀。

當瘟疫正在蔓延時，最好的方法就是隨時隨處正念當下，放鬆身心，看好自己的起心動念，一來不會隨著外境團團轉，二來知道自己的身心狀態，不會無端遭到病毒的侵襲。

# Chapter 5

# 在病苦中生起智慧

# 與病苦共生

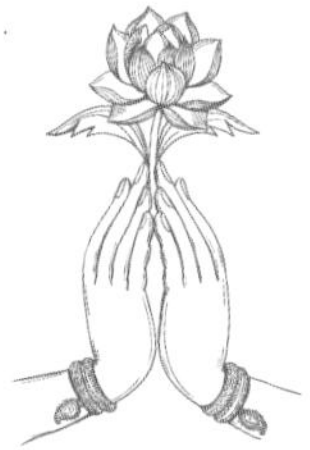

Disease gives wisdom

病苦是人生必定會經歷的過程，有身體就有病症，有病症就有痛苦，它可以說是與有情眾生共生的。既然如此，就不能對它心存排斥，病徵是一個朋友，它預知你的身體狀況，讓你察覺後有修補的機會。

人類應該謙卑的體認，病菌早已存在這個世界上，歷史比人類都還悠久，它不只不會絕種，還會繁衍複製，數量遠比人類還多，適應環境的能力比人類更強，如果不能與它共生，就必然要掀起一場你死我活的戰爭。

人體內也一樣有各種病菌，基本上都對我們身體有益，即使是壞細胞，也可能對身體產生正面的作用，中醫以毒攻毒的理論就是據此而來。生病的時候，可能是外在的病菌侵入，可能是內在的細菌起了病變，可能是內外的細菌互相攻伐，在體內打一場戰爭。面對這些內在外在的戰爭，唯一的方法就是與它共生，先平息兵硝。就像我們與其他動物相處一般，好萊塢有一部電影叫做《與狼共舞》，如果人與狼為敵，一定是兩敗俱傷，如果能與狼為友，結果是相安無事兩蒙其利。

開車的人都知道，每五千公里一定要去保養，做必要耗損更換以及機件保養，但是我們從來不知道要觀照自己的身心，有些人會定期作身體檢查，但大部分人是去求個安心的，不是真正尋找自己的病徵。目前的醫療體系所謂體檢不過是抽個血、驗個尿、照個胸部 X 光而已，不是針對個別的病人、個別的病症作徹底的檢查，一般說來，沒有病發或是極度的疼痛，我們不會發現自己患了某種病症，偶爾在體檢時被篩檢出來則算是幸運的了。

因此，我們要學會與病苦共生，生病的時候藉此時機觀照身體的病徵，了解自己的身體狀況。這時可以和自己的身體對話，感冒的時候觀照自己致病的原因，就是因為自己不加留意，受了風寒，會受寒是由於前一天熬夜，抵抗力減弱所致。此刻深覺自己對不起身體，好好和病苦相處，體會一下病苦和沒有病痛時候的差別，並下定決心要善待身體，注意飲食有節、作息有度，做適當的運動提升免疫力。

如果是癌症，也可以深觀致癌的原因，如果是子宮頸癌，思量是什麼因素讓癌細胞在子宮頸的部位滋長？除了身體的原因，也要深觀心理因素，是因為嫉妒產生的鬱結積壓在心中讓癌細胞有生存滋長的環境嗎？負面的情緒很容易滋養負面的病菌，癌症的遠因大多來自於類似貪欲、嫉妒、憤怒、報復等負面的情緒。在治療的階段，除了身體方面遵照醫師的處方治療外，在心理方面必須自己治療。一旦了知自己有某些特別熾盛的負面習氣時，就要加以革除，放下對於怨親、仇家的憤怒情緒，因為憤怒傷的是自己，不是別人，怨恨傷的也是自己，不是別人，積怨、積怒正是致癌的原因之一。學習先會擁抱這些負面情緒，學會如何照顧它們，才有可能革除它們。因此，與癌症共生、與癌細胞共生是對治癌症的第一步。對治病毒傳染性病毒的情況也是一樣，先學會與病毒對話。

如果只是一味的抗拒，不肯承認自己得到癌症的事實，或是怨嘆自己何其倒楣得到像是ＳＡＲＳ、新型冠狀病毒肺炎或愛滋病的不治之症，那樣對於疾病的治療絲毫沒有幫助，就像父母用高壓的手段強迫子女讀書一樣，不會有效果，只有順情順意兼用疏導的方式才能奏效。觀察到所有這些病症和痛苦的原因都是根源於對自我的執著，那麼只有捨棄它。放捨執著是很深的禪修，只有歷經喜樂禪定之後，再進一層學習放捨，才能真正體會並做到放捨執著。對一般正在受著病苦的人而言，可以做的就是把痛苦和痛苦者合一，既不接受正在痛苦的自我，也不拒絕它，只是以強大的覺性觀照著，這樣可以暫時切斷對病痛和自我的執著。

破除我執的一個有效禪觀方法就是佛陀宣說的《禪祕要法》，這是佛陀弟子迦琋羅難陀因為反覆聽聞四聖諦多遍無法領悟，佛陀乃為宣說此專一繫念法門，就是「白骨觀」，在禪坐時，從腳拇指開始觀想皮膚潰爛，露出白骨泛出白光，再觀第二個腳指節，腳觀成後，觀想腳背、脛骨、膝骨、髖骨、脅骨、脊骨、肩骨，接著觀想肘骨、腕骨、手掌骨、手指骨，一節一節，歷歷分明，自頭部以下白骨觀成後接著做「不淨觀」。觀想生臟中有四十戶蟲，每戶統有八十億小蟲，每一蟲有四十九個頭，頭尾極細如針鋒，出入體內諸脈道，嘴中唧著生臟；復有四十戶蟲，戶領三億小蟲，每蟲有十二頭，身赤如火，嘴裡唧著熟臟，接著觀想這些蟲由咽喉吐出，所有的生臟、熟臟，也就是我們的消化系統、呼吸系統、循環系統、泌尿系統的臟器，都裝入一個皮囊從咽喉中吐出，流滿一地的膿血穢物，此時全身只剩白骨，清淨皎潔。這只是第一步的觀想成就，白骨觀和不淨觀可以完全破除對於身體的執著，觀得好，所有的病症會被諸蟲啖食，並隨著觀想吐出而從體內排出，這是治病的附帶作用。修行此法成就會對世間起厭離，不再有男女慾望，過程中有些人會起自殺念頭，因此要有修行此法成就的人指導。

對於整個社會而言，也要學會如何與大自然共生、與六道眾生共存的生命態度。地震、颱風之後引起的山洪爆發或是土石流災害，始作俑者就是人類自己，人類如果不知道尊重大自然、以及大自然運行的法則，災難終究會來臨。目前人類侵犯大自然的程度已經太過頭了，許多的破壞已經沒有挽救的餘地，像是大量動植物遭到人們的迫害而絕種，絕種之後就在地球上消失了，消失以後可能引起相關食物鏈一環的中斷，導致更大的災害。臭氧層的破洞也沒有辦法找女媧來彌補了，但是人類似乎對於生態的破壞無動於衷。汽車仍然大量使用，連京都議定書對於空氣汙染的限制，先進國家都有意見，川普還帶頭退出巴黎氣候公約，以世界警察自居的第一大國猶且如此，英國也急著退出歐盟，世局又從全球化走向區域化，在民粹當道的今天，人類真的不知道何時才能覺悟。

至於如何與六道眾生共存的問題，可能大多數人都無法理解，甚至視為怪力亂神而嗤之以鼻，但是科學尚未證實的事情不代表它不存在，佛經中談到許多天人、龍族、鬼道眾生、非人等其他的眾生，科學可能無法證實為是，卻也無法證實為非，但是不只是人類單一的動物生存在宇宙間而已，我們知道大至獅子、老虎、大象等野獸，小至蜜蜂螞蟻或是細菌等微生物，包含數億種生物存活在地球上，人自許為萬物之靈，焉知道沒有一個比人類更高等的生物存在於宇宙間？又焉知道我們眼睛見不到的六道眾生存活在宇宙間？從佛教的宇宙觀來看，在十法界六凡四聖之中，人類處身六凡之中，何其渺小又何其愚昧。

因此，我們也要學會如何和六道眾生共處，不只是減少自己的災難，而是知道如何尊重他道眾生。人類對於海洋生態的破壞，濫殺鯨豚哺乳類動物的殺業有多重，人類怎會清楚？遭到大自然或是其他物種的反噬只是因果不爽，剛好而已。

# 身苦心不苦

有一位一百二十歲的長壽長者，名叫那拘羅，經常為病痛所苦，一次佛陀在鹿野森林中，那拘羅前往請益，請佛陀開示能令他長夜安樂的方法，佛陀只告訴他：「長者！當知於苦患身，常當修學不苦患身。」你應該知道身體會患病苦，你應該修學身體受病苦時心能夠不痛苦。說完後，佛陀就默然而住。那拘羅長者似懂非懂，但心情已經開朗許多，諸根和悅，容貌氣色都變好，他見佛陀已經沉默，就轉往請教不遠處在樹下靜坐的舍利弗尊者。

舍利弗問他為何不請佛陀說清楚：「怎樣叫做身苦心也苦？怎樣叫做身苦心不苦？」那拘羅說：「我就是為了這個問題來找你的呀！」於是舍利弗尊者為他開示身苦心不苦的道理。舍利弗說，一般凡夫對於五蘊的集、滅、味、患、離都不能如實覺知，所以愛樂於五蘊，認為這是我所擁有的而去執取，一旦它變壞了、變化了、離異了，心識就隨著轉而生起苦惱，苦惱既生，恐懼、顧念、障礙、憂慮、結戀、痛苦跟隨而來，這就是心隨身苦，身苦心也苦。

舍利弗告訴那拘羅，至於多聞聖弟子，經過修學的人，對於五蘊的集、滅、味、患、離都能如實覺知，不生愛樂，不起我見，當五蘊發生變異時，心不隨它轉，苦惱不會生起，恐懼、顧念、障礙、憂慮、結戀、痛苦自然不會隨之而來。這樣雖然身患病苦，心也不會隨之而苦。那拘羅長者聽完後立刻得到法眼淨，證入初果。當時，那拘羅長者見法，得法，知法，入法，度諸狐疑，不由於他，於正法中心得無畏。

所謂五蘊的集、滅、味、患、離就是指我們應該「如實知」五蘊的特質。如實知道一切事務，必須了解它的五種屬性：一、集：它的緣聚，這個事務是從哪裡生起的。二、滅：它的緣滅，這個事務是如何息滅的。三、味：它的美味，它吸引人的特點是什麼，它是以何為餌。四、患：它的過患，它隱藏的危害是什麼，它是以何為鉤。五、離：它的出離，脫離它影響力的方法是什麼。

如果我們能以這五種屬性看世間萬事萬物的本質，就不會盲目無知的被餌所蒙蔽，如果不能看出它的過患，就會被鉤所纏縛，痛苦而不能出離。了解了它的本質，就能找到脫離它的善巧和方便，不再為它所縛所苦。人要脫離身體病痛的苦惱，它的善巧就是心不隨身痛而苦惱。

一般人六根接觸六塵，如果是五欲就會產生快樂的感覺，一有樂受則迷戀，被餌所惑、被貪欲所鉤；如果是痛苦的感受，瞋心就生起，被瞋恚所鉤；不明瞭事務的本質，即使是不苦不樂受，也是被愚痴所驅使。在貪瞋痴的役使下，為生、老、病、死、憂、悲、苦、惱所纏縛。如果是「身受」，就好比中了第一支毒箭，如果是「心受」，就好比中了第二支毒箭。多聞聖弟子對苦的感覺不起憂悲苦惱，對樂的感覺不為貪欲所牽引，清清楚楚知道自己的覺受，也不會被痴心無明所蒙蔽，果能如此就能「唯生一受，所謂身受，不生心受」達到身苦心不苦的境地，就算中了第一支毒箭，但絕不會受到第二支毒箭的傷害。

身體的痛苦加上心理情緒的惡劣，就更難以令人忍受。對於弟子身受病苦，佛陀或是佛的大弟子都是以說法的方式，一方面幫助他提起正念觀照身苦的特性，一方面鼓勵他以減緩心中的難受。優波那先比丘有一次在墳場附近的山洞內靜坐禪修，被毒蛇咬傷，舍利弗在附近的樹下，應優波那先比丘的要求將他扶出山洞，舍利弗到山洞時，看不出他臉上有驚恐或是痛苦的異狀，優波那先說，那是因為他沒有「我見」，所以雖然身中劇毒，也面不改色，舍利弗將他一扶出山洞之後，他就死了。佛陀的上座比丘弟子們，因為都證得阿羅漢果，「不起諸漏，心得解脫，法喜利故，身病悉除。」

寂天菩薩在《入菩薩行》中也提到心不受身苦的安忍方法：

若遇寒風熱雨侵，疾病拘囚極捶打，
不應嗟吁以爲苦，若以爲苦害轉增。

如果遇到寒風熱雨侵襲而疾病纏身，即使是痛苦難當也不要哀聲嘆氣、悲苦呻吟，為什麼呢？這樣反而會增加你的痛苦。原因何在？

若人見自身出血，臨敵無卻倍勇毅；
若人見他身出血，驚惶顛倒身仆地。

看到自己身上流血的時候反而更是奮勇殺敵，但是一看到別人身上流血救驚惶顛倒跌倒在地，這完全是一種心理作用，心覺得苦它就苦，心不覺得苦它就不苦。

是故雖負致命傷，應不以其苦爲害，
諸有智者受苦時，不令心體受昏擾。

一個智者即使是身受苦惱，也不會令他的心智受到一點干擾。

西藏修行者堪布貢噶旺秋仁波切和噶舉派的噶千仁波切，都曾在中共入侵西藏後坐過長年的監牢，他們在獄中常常被當成牛馬般的奴役、打罵，有時一天吃不到一個饅頭，由於環境惡劣加上手鐐腳銬、營養不良，常為疾病所苦，堪布貢噶旺秋還曾在獄中工作時失足跌落山谷，背脊摔傷。兩人都藉著在心中默念經典、持咒，不斷的祈請上師，藉著身苦心不苦的修行，終於脫離了極為艱苦的環境，他們都曾到台灣來弘法。

這次新型冠狀病毒肺炎的爆發，針對信眾，噶千仁波切說：「疾病的根源乃是因為往昔造下許多嫉妒、瞋恨的業所導致，大家要向本尊祈禱，哪一個本尊最好呢？本尊並無差別，與自己相應的本尊即可。戴手環也有效，用聖油和甘露丸泡水服用，不論是線上或是一起共修，可以觀想天空中巨大的本尊散發出的光輝照耀到世界各處，以慈無量心修持，修哪位本尊的法並無差別，世界和平祈願文是重點。」在疫病流行時，這是藏傳佛教自利利他的方便修法。

英國漢哈姆佛法道場的住持穆寧多法師，他於七〇年代在泰國學法期間，因為過去騎摩托車受傷的舊創，加上幾年來打坐的姿勢不良，造成嚴重的關節炎，動了三次手術，讓他的傷口痛楚難受，每當看到別人盤腿安坐，他就生氣，覺得自己糟透了，心裡總是想：「情況不應該是這樣的」、「醫師不應該這樣對我」、「僧侶的規定不應該這樣」，這種不滿意的狀態令他身心都苦。

後來他聽說阿姜查要到曼谷的消息，他想去見他，他認為阿姜查一定有辦法幫助他。當他去見阿姜查的時候都無法像常人一樣頂禮，阿姜查看看他問道：「你在這兒做什麼？」他開始抱怨：「噢，師父！原本不應該這樣子的。醫生說兩個星期就會好，現在已經過了兩個月了……」阿姜查堅定有力的說：「你的意思是說它不應該這樣子發生的嗎？如果它不該這樣發生，他就不會這樣發生！」

這句話一針見血的告訴穆寧多，他現在正在做的是在替自己製造麻煩和痛苦。事實是痛苦的，這痛苦是膝蓋所帶來的，但真正的麻煩是自己對於事實的否定所產生心理的極度痛苦。阿姜查的話讓他正思惟，觀照自己的心念，如實的接受它、感受它，當覺性成熟到能夠洞見真相，就能平靜的承受各種經驗。

唯識論的最主要精義就是「萬法唯心造」，一切都是由於心的造作，華嚴第四會中，覺林菩薩說偈曰：「若人欲了知，三世一切佛，應觀法界性，一切唯心造。」知道心能轉境的道理，就能體會身苦心不苦的道理。這一關參透了，病苦就不再是問題了。

# 慈悲與大愛

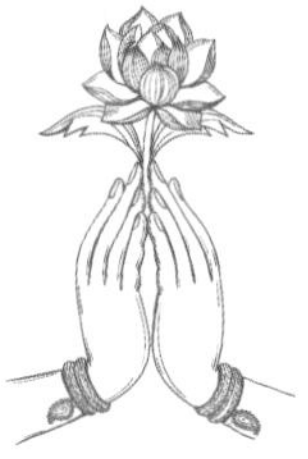

Disease gives wisdom

開展慈悲與大愛最大的障礙就是自私，這種自私心在日常生活中隨處可見，霸占屋前的停車格，百貨公司的折扣大搶購等都是。ＳＡＲＳ和這次新型冠狀病毒肺炎的防疫戰中，人們也看盡了自私的例子，只要自己不染病就可以了，別人怎麼樣那是他家的事，因此才有拒絕醫院廢棄物、拒絕病患入境、拒絕鄰近的醫院設為肺炎專用醫院等等的抗爭活動。

寂天菩薩的《入菩薩行論》〈不放逸品〉和〈忍辱品〉中說到人的自私心、瞋恨心的可怕，其實它是我們內在真正的敵人，它在內心中煩惱我們、奴役我們，我們不但無法察覺它，還無時無刻不在滋養繁衍它，但是它卻能在剎那之間將我拋入熊熊烈焰，連須彌山一碰觸到它都要化成灰燼。論中說：

彼煩惱敵具大力，能一刹那拋擲我，
須彌一觸成灰燼，猛烈無間巨焰中。

寂天菩薩形容這種內在的敵人要強於一般外在的怨敵千百倍，世間的怨敵不可能永生永世的與你結仇，干戈有化為玉帛的一天，而且像台灣政壇上演的分分合合，昨天的敵人變成今天的朋友是司空見慣的事，但是如果你不去調伏它，自私、瞋恨等煩惱便永生永世長相守。世間的敵人你拿好處去順承他，他會以利益回報你，化敵為友；但是你若去順承內心的貪欲、瞋恨和自私，它卻帶給你無盡的煩惱與痛苦。

自私瞋恨心造成身心怎樣的傷害，它又是從何而產生的呢？它是因為執著於「我」和「我所」而產生的，造成身心的不平靜，論中說：

若懷瞋恚逼惱心，心不寂靜不平等，

不生歡喜及安樂，寢臥不安難入寐。
作所不欲遮所欲，瞋恚由斯二者生，
心不愉悅如飲食，長養瞋心應摧伏。

但是拔除這些負面的情緒卻不需要用很精緻的武器，像是飛彈或是核子彈，只要用智慧眼加上精進心，一旦拔除之後它就不可能捲土重來。論中說：

煩惱以識煩惱慧眼斷，從何心中遣除更何往，
住於何處還來危害我，唯是自心怯弱乏精進。

寂天菩薩從持戒、忍辱、精進、禪定的修行一路說來，當種種分別心息滅之後，就開始要修行「自他不二」的菩提心，這正是滅除自私心最好的方法。修行自他不二要先修習自他相換的方法。所謂自他相換用現代的語言就是角色

互換。

最初應當勤修習，自他不異平等捨，
所受苦樂相等故，應護眾生如愛己。

我們的手足四肢初看好像有差別，但是站在身體的立場，他們是一體的，當右手受傷，左手馬上會遞補幫助右手應該做的事，身體對他們是一體愛護的。所有的眾生也一樣，都希望能夠避苦得樂，為什麼我要把苦降臨到他身上呢？當別人有痛苦的時候，我為什麼要分別而不去拔除對方的痛苦呢？站在這樣的立場想，站在對方的立場想，如果我現在是和平醫院裡面抗煞的醫護人員，我還會拒絕醫院內的廢棄物運出來嗎？

如手足等雖有諸差別，同爲一身悉皆所愛護，
如是別異眾生諸苦樂，悉欲求樂如我等無異。

我應除去他人苦，是苦受故如自苦，
我應爲他做饒益，是有情故如自身。

我們應該努力去打消人我的分別觀，如果認為別人的痛苦和自己毫不相干，那麼未來自己的痛苦和現在也無關，為何我們會極盡所能的求未來的安樂呢？腳如果被刺痛，又為何手會去為腳拔除痛苦呢？我們的幸福如果和他人的幸福是完全獨立的，或許我們可以不去管別人，但事實上人是不可能獨自存活於世界上的，所以對於苦不應該做人我的分別，自己的苦都想除之而後快，別人的苦也應該除，如果別人的苦我們不願意為他拔除，自己的苦也不應該拔除。因此，當我們要行菩薩道時，很自然的會思惟要利益一切眾生。「為己之利而損他，能成地獄等熱惱；為他人故自受損，圓滿資糧無不成。」

在藏傳佛教修自他相換的方法就是實修菩提心，一是相對菩提心的修行，一是究竟菩提心的修行，究竟菩提心是對於空性的修行。相對菩提心則是慈悲心的修行，其前行必須先保持內心的寧靜，以呼吸觀讓心安住後，念祈禱文和禮敬三寶文、四無量觀。正行則是修所謂的施受觀，觀想一位我們最親愛的人在眼前，例如父母，呼氣時把我們所想要的一切快樂和快樂的因，都隨著氣息施予對方，吸氣時把我們所想要去除的一切痛苦和痛苦的因，都隨著氣息歸於自己，直到我們認為能將所有的快樂都給對方，對方的痛苦我都能容受為止，如是漸修漸深。之後再將此一修法擴及於對我們而言重要的人，像是兄弟姊妹、師長親朋，之後擴及於目前正在受苦的人，像是在抗疫中罹患病苦的人，再擴及於陌生人、擴及於敵人怨親，最後是一切眾生。在修行相對菩提心的同時，於日常生活中要開展平等心，而且六根接觸六塵，一碰觸到愉快的感受就要施與他人，一看到痛苦就要立即感同身受，並為對方拔除。

六道眾生的覺受在我們日常生活中隨時會出現，天道的感覺是安逸的，人道的感覺是追求快樂的，阿修羅道的感覺是嫉妒的，畜生道的感覺是無知的，惡鬼道的感覺是慳貪的，地獄道的感覺是瞋恨的。在日常生活中對於這些感受要念念分明，並發展平等捨心，直到我們超越它為止。

漢傳佛教對治自私等負面情緒也是以慈悲觀為主，所謂「多貪眾生不淨觀，多瞋眾生慈悲觀，愚痴眾生因緣觀」，對治眾生的貪瞋痴各有不同的法門，其中慈悲觀是大乘佛法的精髓，漢傳和藏傳都十分強調。其修法和相對菩提心的修法類似，依照《坐禪三昧經》中「慈心三昧」的修法分三個階段，「最初修行，當教觀想，慈及親愛」，將自身種種可以獲得快樂的東西推及於親人和所愛的人；「其次當修，慈及中人」，中人是指和自己非親非怨的陌生人，擴大慈悲觀的對象及於陌生人；「終當修習，慈及怨憎」，最後將慈悲觀擴及於怨恨的人、仇人、敵人，希望他們都能獲得和我相同的快樂和利益。經過此三階段的修行，最終目的是能以慈悲心對待一切眾生。

人之所以異於禽獸者在於人還有自省能力、還有助人的善心。寂天菩薩闡述人不能獨立存在的道理時說得很明白，一個人無法離群索居，包括他所需要的食物、衣服、房屋都是由眾生所成就的，沒有其他人的幫助，你不可能獲得這些生活所需要的東西。就算你不食人間煙火，也要取大自然的資源維生，所以沒有一個人能夠真正獨立存活於世間。

一行禪師常舉《華嚴經》中說到「一即一切，一切即一」的道理，也就是所謂的「相即相依」、互相依存的道理。玫瑰花雖然美麗，但它卻是由許多非玫瑰因素的緣聚合而成，沒有陽光、雨露的滋潤、沒有大地的含容、沒有花農的辛勤照護，一朵美麗的玫瑰無法向世人展現它的嬌豔。一個人何嘗不是如此？沒有父母的生養、沒有國家社會的照顧，如何能成長？就算人們吃一碗飯，飯碗裡也有陽光、雲雨、農夫、碾米工人、運銷商人的共同努力，否則如何能成就這碗飯？所以佛家要人們惜福、感恩，原因在此。

佛家還有一說，眾生在無量劫以來流轉生死，不知經過了幾世的輪迴，在生生死死的過程中，一切人都曾經是我們的父母師長、兄弟姊妹、子女兒孫。因此在藏傳佛教的修行法門中，首要思惟一切眾生如母，才能升起誓度一切眾生的菩提心。

明白了以上的道理，就知道人與人之間是息息相關的，為了照顧好我們自己，就要照顧好我們周遭的人；周遭的人有苦難，自己必不能倖免。新型冠狀病毒肺炎等疫病來襲就是對我們最大的考驗，誰能夠保證自己不被感染呢？所以，我們能做的就是盡力配合政府的作為，讓傷害減少到最低的程度。在兩次的冠狀疫病風暴中，我們看到了政府的不足處、看到了醫政單位的諸多缺失、看到了地方政府的本位作風，專業和醫德都有值得檢討的地方，但光是批評不足以成事。

有人曾經問起十七世大寶法王，在這混亂、汙濁、墮落的社會，人們彼此傷害，或假其他名義圖謀自己的利益使他人受苦，我們該如何做呢？大寶法王說：「在這黑暗的時期，唯一能治療人類心靈的就是慈悲心，唯有慈悲心能改變那些人，也唯有慈悲心能真正幫助我們自己。如果我們以慈悲互相對待，由於這是一個善業，類似的災難很可能就不會再發生。」

十七世大寶法王的二〇二〇新春開示，正值新型冠狀病毒肺炎爆發之際，他首先說明人身的珍貴：

當我們現在正處在疫情還在蔓延的時候，我們應該好好的體會和思考生命的可貴和脆弱，用心的去感受生命的厚度和溫度。從而能夠更加珍惜我們現在所擁有的，無論是自己的生命，還是身邊的家人和朋友。要好好用心的去體會生命的無常、短暫，但是又充滿了機會和希望，這樣的一種狀態。

除了無常之外，因果的概念，可以說是佛法的根本。比如對於現在疫情的這個狀況，如果我們找不到病因或者確切的傳播途徑，可能我們就很難去徹底的預防和根治這個疾病，情況會變得很難控制。

可以說是萬事萬物。大到宇宙，小到一個小蟲子。所以我們在任何時候，對待每一棵樹、每一個小動物，甚至是高山流水，我們都應該懷有敬意、尊重和愛心。因為我們沒有任何一個人，或者任何一樣東西是大自然之外的。所以，隨時隨地，我們要有自然和環境的意識，要深刻的了解，任何對待動物的方式，或者對待自然的方式，都是一定會有相應的後果的。

不管怎麼說，今天我們遇到這樣危險和嚴峻的狀況，我們要一起面對和解決，不要感到害怕或者恐慌。現在通訊很方便，我們每天收到很多信息、新聞和消息，容易讓人分心，更讓人覺得緊張和慌亂。所以在這個時候，我們一定要頭腦清醒，沉著冷靜。不僅我們大家之間可以互相鼓勵，自己對自己也要充滿信心，給自己打氣。我們團結一心，我相信一定很快就可以渡過難關。

大寶法王也發表一篇新翻譯的《祛病消災願文》，叫《薩迦癒病》。這篇願文的作者是十四世紀西藏一位很有名的大成就者，叫唐東加波。這篇願文在藏地非常普及，一旦有各種大小瘟疫的時候，大家都會念誦。願文如下：

### 《祛病消災願文》

今緣昔業生起之　鬼魅部多病擾之　一切惶惶眾生疾　祈願不復現於世
如劊子手押死囚　一剎那身心異留　數數索命病痛已　祈願不復現於世
如入閻羅口之境　種種聞名喪膽病　一日瘟或常熱瘟　莫要傷害眾有情
八萬害人鬼魅靈　三百六陰卓鬼冥　四百四十等等病　莫要傷害眾有情
各各令身心不舒　四大不調諸苦除　身強體魄精氣盛　無病長壽享樂福
上師三寶大悲力　空行護法大雄力　因果不虛眞實力　迴向祈願盡成就

在天主教中，我們也常看到他們祈禱時，祈願化自身病苦為大愛的心胸：「主啊！請賜給我苦難，讓我為過去的錯誤贖罪。」「主啊！請賜給我痛苦，讓我為過去的幸福感恩。」「主啊！請把災難降臨我身，用我的苦痛去換取那些受苦的人得到安樂。」只有將小愛化為大愛，才可能迅速轉化自身的痛苦，也只有用這種自他相換的同理心，才有可能體會生命的價值。

幾年以前台北市論情西餐廳發生大火燒死了數十人的慘案，後來發現是一位名叫湯明雄者因和裡面的人發生糾紛不滿而縱火，其中一位死者的母親叫杜花明，她是原住民，沒有念過書，也不識字，不過她信天主。在湯明雄被判死刑之後，她經常到監獄去探視他，並向他傳播天主的福音。在長久的相處下，杜花明不但原諒了湯明雄，同時也把他視為是自己的兒子，湯明雄也因此信仰了天主。在湯明雄即將赴刑場被槍斃時，杜花明去見他最後一面，她說，我已經送走了一個兒子，現在我要去送我的第二個兒子了。

只有慈悲心才可能轉化內心的傷痛，只有慈悲心才有如此大的力量去原諒仇人並視如己出。杜花明是近年來少見的人間菩薩，雖然她沒有一般世間人的學問，也沒有做過什麼豐功偉業，但試問能像她一樣以慈悲面對仇敵者有幾人？

這兩次重大疫病的災難是一個很好的學習機會，讓我們了解到在過去幾年由於政治和媒體的喧染下，人們變得多麼自私和懦弱，也因此而消減了我們應變的能力。但疫情的升溫，也讓我們警覺到這是一場無人能倖免的災難，只有攜手同心才有可能度過難關。如果沒有慈悲心就無法發揮「人溺己溺，人飢己飢」的大愛精神，人們如果不能互助，災難不會這麼快速的遠離。慈悲與大愛才是人類生存於宇宙間的責任和價值。

# 諦觀生與死

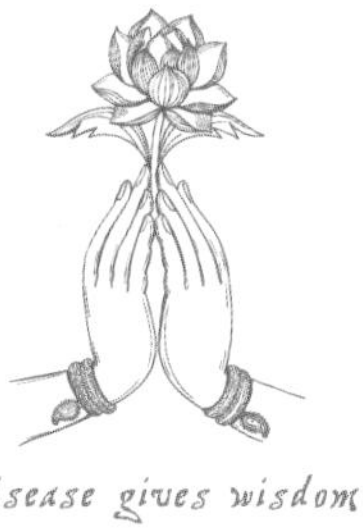


一個在病苦中的人，必須有死亡的心理準備，一般人即使不是在病中，也應該深刻體會生死無常的道理，而做好死亡的準備。所謂做好準備的意思是指當死亡突如其來時能夠安然面對，不憂不懼。要做到生死無懼首先要知道死亡的真相。誠如一行禪師所開示不生不死的道理一般，一個正信的佛教徒了解到死亡不過是一種轉化，化生為其他的能量繼續存在於宇宙間，當死亡來臨時他知道整個過程，也能夠面對四大離散的事實。

死亡是佛教中很重要的一個法教，不論是南傳佛教以觀四大離散的方法，還是漢傳佛教羽化登天的坐化方法，還是藏傳佛教的虹光幻化方法，它終究是教導我們如何能生死自在。生命中有許多的不確定，唯一能確定的是死亡。肉身壞死以後到哪裡去無從知曉，到那時每個人都要放棄他曾經擁有的一切。也因此，人們害怕死亡的到來，對死亡以後的世界充滿著恐懼。儒家以「未知生，焉知死」一語避開死亡的未知世界；道家則以修真練氣，求長生不老來延長死亡的到來；佛家則是以了生脫死，平常心面對死亡。然而，生與死的真相是什麼？

「生與死是出家人首要解決的重大問題。一般人怕死卻不知道死亡的真相，以為死是從一處把生命切斷，因此認為生是從無到有，死是從有又歸於無。」一九九五年春天一行禪師到台灣來弘法，在中壢的寶蓮寺主持禪七，最後一天的開示中，他為大眾講說生死的奧祕。他手中拿著一張白紙，接著說：

深觀這張紙，它是如何誕生的？一般人以爲它是在造紙工廠製成的那一天才開始存在的。其實在它被製成紙之前早已經以不同的形式存在了。深觀之下你會看到一棵樹，沒有樹就沒有這張紙，樹要陽光、雲雨的滋潤，深觀之下，在這張紙中你也可以看到陽光雲雨的風采，紙何嘗不是以陽光雲雨的形式存在呢？

「噹」一聲大磬聲，這是一行禪師在開示過程中提醒大眾「正觀當下」的醒鐘。寧靜了片刻，一行禪師手中點燃了這張紙放在盤中，紙慢慢的燃燒，一團火焰之後，化為一屢黑煙，盤中的紙也燒成灰燼。

我們會認爲它已經死了，已經不存在了，從有復歸於無，但透過深觀你發現事實並非如此。焚燒的時候，你看到煙霧，紙已經透過煙霧飛升變成白雲，當白雲在天上對你微笑的時候，你是否看到紙在對你微笑呢？白雲可以說是這張紙的重生。

紙在焚燒的過程中也散發出熱能，熱能充斥在空間之中，有些熱能照到我身上，被我吸收，雖然你看不到，但你知道我身中充滿著熱能。還有燒成的灰燼，把它丟到大地上，它成爲養分再去滋潤樹木。樹木有一天再度成爲一張紙，誰知道呢？所以灰燼又以紙的形式重生。

透過深觀你會發覺，沒有一個東西被生出來，它只是以不同的形式轉化；

透過深觀你也了解到，沒有一個東西會死掉，它只是轉化成不同的形式而存在。透視它的本質，你就不會害怕死亡。

「噹」，大磬再響一聲。此時，禪堂外下著傾盆大雨，雨水潑灑在屋頂上，聲勢如千軍萬馬奔騰，一行禪師端坐堂上，面帶微笑靜靜聽著雨聲。大眾也跟隨閉目端坐，三十分鐘後雨勢稍歇。堂上幾隻燕子高聲呢喃，清脆的叫聲亮徹了安靜的禪堂。這一切似乎已經讓人體現了生死無懼的洗禮。

屋頂上的雨聲正是白雲的歌唱，你是否聽到它充滿喜樂的歌聲呢？白雲化成雨的時候並不會哀傷哭泣，當它在天上自由自在飛翔時，它知道有一天會化成雨降臨大地，雨會滋潤一切的樹木、禾苗，讓大地展現生機，它是多麼的喜樂啊。

生命本來沒有生滅，佛陀告訴了我們這個眞相，這就是不生不滅的道理。如果我們忙於俗務，不去深觀生命的本質，就浪費了佛陀遺留下來最珍貴的寶藏，這樣就枉生爲一個人呀。

一行禪師說，當秋葉從樹枝飄落，人們難免感傷，但樹葉曾經盡情伸展生命，吸收陽光雨露，滋潤樹木；當秋風吹起，樹葉飄落時，化作春泥還護花，它的生命早已灌注在樹木之中，冬去春來，新芽又見，它已在樹梢上重生。所以樹葉是樹根的母親，也是它的子女。死亡只是能量的轉化，化成不同的形式繼續存在。

緊接著一行禪師講解給孤獨長者病危時如何面對死亡的過程。給孤獨長者是佛陀的在家弟子，平常好善布施，慷慨贈與衣食給鰥寡孤獨者，因此號給孤獨長者，他和祇陀太子一起捐地蓋一座祇園精舍供佛陀說法，就是他護持佛法最有力的說明。他和佛陀結識三十五年後罹患重病，佛陀前去探望他，要他繼續不斷的正觀呼吸，並囑咐舍利弗幫助他以安詳的心情面對死亡。

舍利弗見到給孤獨長者的病情迅速惡化，就邀請阿難一起去探望這位老友，他們先引導給孤獨長者憶念三寶，不到一個時辰，給孤獨長者身體的病痛減輕許多，身心平靜下恢復了笑容，因為舍利弗和阿難喚起了他內心中喜悅的種子，過去他對佛法僧就具足相當的信心。接著兩人邀請給孤獨長者一起對六根做無我的觀想。「這對眼睛並不是我，我不受制於這對眼睛，我的生命是無生無滅的；這對耳朵不是我，我不受制於這對耳朵，我的生命是不生不滅的；這個鼻子不是我，我不受制於這個鼻子，我的生命是不生不滅的。」這樣子幫助他不再受制於六根等感官。

接著對五蘊做無我的觀想，色、受、想、行、識這五蘊的活動都不是我，感受、認知、思惟都是生滅不已的，分別意識也是隨緣示現的東西，那也不是我，對於它們的生生滅滅沒有什麼好執著的。緊接著舍利弗引導給孤獨長者觀想四大：「身上的地大，皮肉、筋骨、內臟等堅實的物質都不是我。身上的水大，唾液、涕淚、血液、黏液等都不是我。身上的火大，體內溫度和熱能也不是我。身上的風大，呼吸、氣流都不是我。當因緣具足的時候身體就會示現出來，當因緣離散的時候，身體就毀壞；他不從任何一處來，也不向任何一處去。」

給孤獨長者觀照到此時，不禁悲泣了起來，阿難覺得奇怪，就問他為何要哭泣，是有什麼懊悔或放不下的事嗎？給孤獨長者說：「阿難尊者，不是的，不是的。我哭是因為我太感動了，我為三寶服務了三十五年，從來沒有聽過像舍利弗尊者今天教給我這麼殊勝的法，我實在太高興了，我感到無比的自在、解脫。」他並要求兩位尊者轉告佛陀，也能傳授這麼殊勝的法門給在家弟子們修習，兩位尊者離去後，給孤獨長者就平靜的去世了。

在聆聽一行禪師的法教以前，對生命只如一般人所認知，以為有生有死，生固可喜，死亦可悲。雖然心經上說：「不生不滅、不垢不淨、不增不減」，「心無罣礙，無罣礙故，無有恐怖，遠離顛倒夢想，究竟涅槃。」但只限於經典言說，在理論上理解。在現實生活上，不僅不知道如何面對親人的故去，也不敢想像自己有一天也要走向死亡之路。經過一行禪師對於生與死的真相做了透徹的說明，讓人能立即在生活中受用。不但可以面對自己的死生大事，同時也知道如何幫助臨終的親人平靜的度過此一轉生的歷程。

依照藏傳佛教的理論，死亡的過程從身體元素的分解開始，共有八個階段：先是地水火風四大的分解四個階段，接著會經歷白色景象心、紅色增上心、黑色近成就心、死亡淨光四個階段。一個禪修者可以在禪定狀態觀想、經歷整個死亡過程，並藉著識取死亡淨光而證道。在藏傳佛教中，獲得死亡淨光的證悟就如同找到一把能開啟寶藏的鑰匙一樣，可以依照《密集金剛密續》的方法實證幻身，透過密集金剛的修行法門證悟佛果；也可以依照《時輪金剛密續》的教示證得空性而得道；也可以依照《輪戒密續》或是大圓滿教法證得虹光成就。

當死亡來臨時由於業氣向上顛倒，所有的氣象為之改變，五輪的脈結平息，五根本氣的依止歪斜，四大開始分解。最初是臍輪開始沉寂，此時地大融於水大，外在的徵兆是：體力逐漸消失，頸椎和四肢無力，臉孔憔悴失色，唾液鼻涕無法控制；內在的徵兆是意識開始昏沉；密徵則是心中出現陽焰。接著是心輪開始沉寂，此時水大融於火大，外在的徵兆是：鼻舌乾燥，視覺模糊，嘴巴歪斜；內在徵兆是心識翻騰，起瞋心；密徵是心中浮現濃煙。

接著喉輪開始沉寂，此時火大融於風大，吸進的氣體變冷，體內漸漸失溫；內在心識時昏時明，無法清楚辨識顏色；密徵是心中現出點點螢光。最後是密輪開始沉寂，此時風大融於心識，呼吸越來越困難，出現哮喘現象；內在徵兆是印象錯亂，造惡業人會見到牛頭馬面，口中念念有詞或發出驚恐之聲，造善業的人會有佛菩薩的出現或是上師接引；密徵則是心中現出燈蕊燃燒的光耀。這時五根本氣已完全融入，眼耳鼻舌身的功能衰敗，對色聲香味觸的感覺顛倒，呼氣慢慢停頓。融入次第完成後，生命跡象已經結束，此時一個修行者不會去掛念未完成的俗事，這些完全無濟於事，必須捨棄一切貪瞋念頭，依照上師傳授的口訣修持本尊相應法或是頗瓦法。大手印、大圓滿行者根據自己的生前所修法教，自證明空，安住於俱生法性之中。修淨土宗者可以持續不斷念誦佛號，所謂心不錯亂意不顛倒，一心觀想阿彌陀佛西方三聖的接引。

四大分解之後，進入中陰身的階段，第一個細微層次的意識會出現，這時所有八十種概念式的心識作用會停止，意識將轉入一個無所不在的、強烈的白光之中，好像是一個清朗的天空中布滿了月光，這叫做「白色景象心」。當能量再進一步消融時，更細微的意識出現，呈現紅色或橙色的光景，好像晴朗的天空中布滿霞光，稱做「紅色景象心」。不久後這種心識缺乏支撐的力量，一個更細微的黑色景象顯露，它已經慢慢接近根本淨光的呈現，此時心識只有非常細微的二元對立狀態，除了強烈的黑色景象，沒有任何東西，就像是沒有月光的漆黑夜晚，稱做「黑色近成就心」。當這個心識停止以後，白色、紅色、黑色景象三個層次的染汙將完全清除，此時一個最細微、最深邃、最有能量的意識呈現，就像萬里無雲晴空一般，稱做「根本淨光」。這就是我們本然的狀態，清淨、光明，沒有一點染汙。

佛陀十大弟子中智慧第一的舍利弗又是如何捨報入滅的呢？佛陀即將入涅槃的那一年，在毗舍離附近的橡樹村結夏安居，圓滿後，就沿路遊行回到舍衛城的祇園精舍。此時舍利弗也回到自己的茅蓬中入定，先觀照過去諸佛的大弟子都是先佛陀而涅槃的，接著他觀照應在何處入涅槃，發現到他的母親至今對三寶仍然沒有生起信心，不過她有現觀初果的因緣，為了讓母親從邪見中解脫，他決定回到出生房間入滅。

於是他向佛陀辭行，請求允許他入滅。佛陀答應了他，並請他最後一次為大眾說法，他從勝義諦說到世俗諦，又從世俗諦說到第一義諦，大眾嘆世所稀有，之後他頂禮佛足，對佛陀說：「世尊啊！如果我過去的言行有讓您不愉快之處，請您能原諒，現在是我該走的時候了。」佛陀說：「舍利弗！你並沒有任何言行應受到我的訶責，因為你博學，有深廣、清明、敏銳的大智慧。舍利弗！去吧！在你覺得適當的時候就去吧。」舍利弗再度對佛陀頂禮，此時大地震動，烏雲密布，大雨隨即傾盆而下，似乎為舍利弗的即將入滅悲泣。

五百比丘跟隨舍利弗離開舍衛城，居民聽到消息都走出來，人們拿著花和香悲傷的跟著，舍利弗勸告大眾：「回去吧！這是誰都不能避免的路，所有造作和因緣所成的事物，都確實存在著離散的本質啊！」舍利弗在比丘們的陪伴下回到故鄉，進入他出生時的房間，待他坐定，比丘們離開後，他就嚴重的腹瀉，他的母親很憂心。此時四大天王來探視，舍利弗說：「這樣就可以了，我已經有一位侍者在這兒，你們走吧！」接著諸天之王的帝釋天也來了，舍利弗一樣請他回去，接著是大梵天，也請他走了。

舍利弗的母親看到這景象就問他，剛剛來探視他的都是些什麼人，舍利弗告訴她是四大天王、帝釋天和大梵天，他的母親大為驚訝，心想我的兒子何其偉大，連這些天王都來探望他，那他老師的神力恐怕更驚人了，就問起佛陀的功德，舍利弗說：「我的老師在出生、出離、成道、初轉法輪，大千世界都為之震動，沒有人能在戒、定、慧、解脫、解脫知見上與他匹敵的。」接著就為她解說佛陀的德行和佛陀的教示，當她聽了佛陀的法義以後立即證得初果。她終於對舍利弗說說：「為什麼在這些年裡你都沒有教我這不生不滅的智慧呢？」

舍利弗心想他終於報答了母親的養育之恩了，於是他叫侍者純陀集合比丘眾，他告訴大眾說：「弟兄們！我和你們共住、遊行四十四年，如果我有任何言行冒犯你們的地方，請你們原諒！」比丘們說：「尊者！您一點也沒有冒犯我們，倒是我們一直形影不離的跟隨著您，有冒犯您的地方還祈求您能寬恕我們呢！」之後，舍利弗就以大衣裹身，蓋住臉龐，右脅而臥，順序進出九次第定，又從初禪進入四禪，然後進入清淨、祥和、喜悅的涅槃城。大眾為他舉行了荼毗儀式後，純陀帶著他的遺骨和衣缽前往舍衛城，先去找阿難，再一起去見佛陀。

阿難向佛陀稟報舍利弗入滅的消息，難掩心中的悲痛。佛陀說：「阿難呀！舍利弗入滅時有帶走你的戒定慧和解脫知見嗎？我不是告訴過你們嗎？這是萬事萬物的本質，我們必須承受和最摯愛的人離別與分散之苦，凡是生、住、和合而成的事物都有消散的時候，怎能強留住他而不分離呢？這是不可能的！因此，阿難！要以自己為島嶼，以自己為皈依處，不要向外尋求皈依；要以法為島嶼，以法為皈依，不要尋求其他的皈依處。」

給孤獨長者的入滅是由舍利弗尊者引導觀此身非我，放下對身體和塵緣的執著；舍利弗尊者是自己決定入滅的時間和地點，並親自以佛法度母親，做完此生的最後一件事，了無遺憾和牽掛的離開人世。而舍利弗對於給孤獨長者的臨終開示，正是我們對於臨終者可以做的事；佛陀對舍利佛入滅的態度，也正是我們對於親人往生應該持有的態度。

不論是遭逢九二一大地震的創痛，還是SARS病毒或新冠病毒的侵襲，有人面對死亡的降臨，有人面對親人的往生，通常都要經過很長的時間才能從傷痛中走出來。從佛理中我們了解這種災難不是偶然的，只要能坦然面對並深刻體會生命無常、死亡無期的事實，在心理做好準備，臨終那一刻放下一切了無牽掛，只是觀照自己的呼吸、觀照此身四大的離散，了知生命本是不生不滅，我們自然能生死無懼。

# 病中得自在

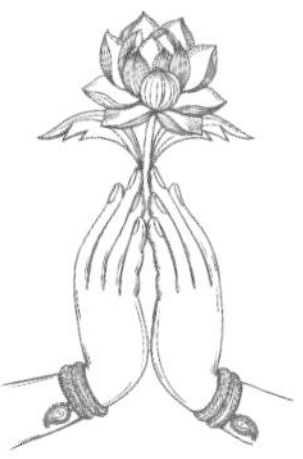

Disease gives wisdom

了解人生本苦、此身非我、生死無常的道理，在病苦時就不會哀聲嘆氣，即使死亡來臨也能坦然面對。但是要真正做到病中自在、生死自在，還需要有實證的功夫。

泰國的佛使比丘在病中的時候說，對於生病的感覺，覺得病的本質就是「如此而已」，這就是所謂的「此緣性」——此有故彼有，此滅故彼滅。因緣的組合是怎樣，它的現象就是怎樣；有生病的因緣組合，就會生病，有痊癒的因緣組合，就會痊癒。病痛的成因就是「如此而已」，不必痛苦、不必熱惱，隨著「法爾如是」來治療，所謂法爾如是就是大自然的法則。

僅僅是因緣和合，不是好也不是壞，但是我們一般人合意的時候就認為是好的，不合意的時候就就認為是壞的，但是以法的角度來看，它就是如此而已，這就是超越生老病死的態度。然而，人的內心很難做到，如果能做到，就不會有苦了。一個深入佛法的人，他會利用苦的覺受作為修定的對象，專心觀察病痛，直到完全清楚痛起痛滅的過程，當他了解一切不過是如此而已，他就能靜默下來。一個境界更高的行者，他可以將此心安住於禪定之中，不必觀照病痛，心住於三摩地，清淨不染，無苦無痛，甚至能生起喜樂，使身體的能量產生巨大的改變，病症因此得到改善。如果真的會死，那麼就安寧的死去，微笑以對。

維摩詰是佛教中的一位大居士，在過去生中曾經供養過無量諸佛，深植善根，得無生忍，辯才無礙，遊戲神通，為了方便度眾，住在毗耶離大城中。有一次佛陀在毗耶離菴羅樹園說法，維摩詰居士現身有疾，身體示現疾病。許多王公貴族都去看望他，他就廣為說法，他說：「各位仁者，我們這個身體無常、無強、無力、無堅，很快就會敗壞，是不可信賴的。它為我們帶來苦惱，是各種疾病所聚合之處。這個身體有如泡沫，不能久立，有如芭蕉，中間柔軟；這個身體如夢如幻，從顛倒起，如影如響，從業緣現。各位仁者，這個身體是不清淨的，充滿穢惡，我們應該厭離它。我們應該追求的是佛身，它是從戒、定、慧、解脫、解脫知見而生的，是從慈悲喜捨而生的，想要得到佛身，斷一切眾生的病苦，就要發菩提心。」

許多人都去探視他，維摩詰心想：就只大悲的佛陀沒有來垂愍。佛陀知道他的心意，就要舍利弗前去，舍利弗說他在過去宴坐樹林的時候，曾經受過維摩詰的指點，讓他知道什麼是真正宴坐的道理，他實在不堪勝任前去探病的任務。佛陀要目犍連前往，目犍連說他在過去為居士說法時曾經受過維摩詰的指點，讓他知道說法的真實義，他也不堪勝任這項任務。佛陀又要大迦葉前往，大迦葉說他在過去行乞時只往貧窮人的家裡去，為他們種福田，維摩詰指點他應次第行乞，住平等法，他也不能勝任這項任務。佛陀徵詢了五百大弟子，都沒有一個人認為自己有資格前去探視維摩詰居士。於是佛陀請彌勒菩薩前往問疾，彌勒菩薩說他也無法擔負這個責任，因為他過去為兜率天王及其眷屬說不退轉地之行的時候，維摩詰指點他授記與菩提的真實義。結果佛陀徵詢了諸菩薩，大家都不敢造次前去見維摩詰居士。

最後佛陀有請文殊師利菩薩，文殊菩薩說：「世尊，這位居士上人，很難和他論辯，因為他深達實相，善說法要，辯才無滯，智慧無礙；一切菩薩的法式他都知悉，諸佛的祕藏他也無不得入；降服眾魔，遊戲神通，他的智慧方便，讓很多的眾生都得度。雖然如此，我還是承佛的意旨，前去慰問他的疾病。」眾中諸菩薩、弟子、天王都認為這兩人的共談，必有妙法，於是共有八千菩薩、五百聲聞、百千天人都隨行前往毗耶離大城。

兩人見面先是一番高來高去才進入正題。文殊問維摩詰：「居士！你這個疾病還可以忍受嗎？世尊非常關心，殷勤問候，你這病是因何而起？有多久了？要怎樣才能醫治好呢？」

維摩詰答說：「由於無明窠臼未破，由痴生愛，眾生因此生病。因爲眾生有病，所以我有病，如果一切眾生都不生病了，我的病就好了。怎麼說呢？菩薩為了眾生而入生死輪迴中，有生死就有病痛，如果眾生得以遠離病痛，菩薩就不再生病。譬如有長者生有一子，兒子生病了，父母因為憂心跟著生病，兒子病好了，父母也跟著好了。菩薩對待眾生好像父母對待子女一樣，所以我這個病是因何而起的呢？菩薩的病是因為大悲而起。」

文殊菩薩又問說：「你的病徵是怎樣？」維摩詰說：「我的病徵外相看不出來。」「那你的病是屬於身體的還是心理的呢？」「不是身體的，因為身體離於相；也不是心理的，因為心如幻象。」「那麼是屬於地大、水大、火大、風大的哪一大不協調呢？」「這個病不是地大所引起，但又不離地大；水大、火大、風大也是一樣。眾生的病是因為四大不調所引起，因為眾生有病，所以我有病。」

照理說，一個究竟證悟者他的功德圓滿，本來是不會四大不調而生病的，維摩詰只是為了方便說法而示疾，他說出眾生之所以生病的原因，也說明了一個大乘菩薩的發心，他是「疾眾生之所疾，苦眾生之所苦」，眾生的病痛一日不除，菩薩一日不得安樂。如果一個生病的人能有維摩詰居士的發心，比起眾生的病苦，他自己的病痛就算不了什麼，這種大乘發心的病苦觀，也是一種療癒的方法。

文殊菩薩接著問：「菩薩應該怎樣慰問一個生病的菩薩呢？」維摩詰說：

「告訴他此身無常，不要說厭離身體；告訴他此身有苦，不要說追求涅槃；告訴他此身無我，不要說教導眾生；告訴他此身空寂，不要說究竟寂滅；告訴他懺悔罪業，不要說超越三世；就如同自己生病一樣來悲愍對方的病苦；要藉此了知過去無量劫以來就是受如此種種苦，要心心念念如何饒益一切眾生。憶念所修的福慧，將心繫於佛性上，此時不要憂悲苦惱，常起精進心；應當作個醫王，能療治眾生的病痛。菩薩應該這樣來慰問生病的菩薩，令他心生歡喜。」

文殊菩薩又問：「那麼生病的菩薩又應該怎樣調伏自己的心呢？」維摩詰說：「生病的菩薩應該這樣思惟：我現在生這個病，都是因為前世今生妄想顛倒以致生起諸多煩惱。一切萬象本來沒有體性，哪裡還有一個生病的人呢？這不過是四大聚合起來，我們稱它是身體罷了，四大沒有主人，身體也沒有一個我；人之所以會生病，就是執著在一個我，因此對於我，不應該生起貪著。既然知道病的根源，就應該根除執著於我、執著於眾生的觀念。」

維摩詰說：「自己身受病苦，應念六道眾生亦同受此苦，而生起同體大悲之心；自己已經調伏了人生的憂悲苦惱，也應調伏一切眾生的苦，讓他們脫離苦海同登彼岸。因此要教他斷除病根，什麼是病根？攀緣。攀緣什麼？三界。怎樣斷攀緣？無所得。何謂無所得？離二見，要離除二元對立的觀念。何謂二見？內見外見，心物二元都是虛幻不實的，是無所得。一個有疾菩薩應該這樣來調伏自己的心。要斷除老病死苦，才算是大乘菩薩的發心。一個生病的菩薩還要觀照諸法，觀身無常、苦、空、無我，這叫做智慧。雖然身體有疾病，常處於生死流轉，但饒益一切眾生而不厭倦，這叫做方便。」

生病的人如果能以此方法觀照人無我、法無我，捨離我執與法執，自然能夠生起智慧，而且還會生起饒益眾生的善巧方便。如果覺得身體已經老去，或是自覺此生已盡、所作已辦，也可以瀟灑的離開人世。佛陀在《遺教經中》入涅槃之前對諸比丘說：「我現在得以入滅，就如同除去了諸惡病，這是應該捨棄的罪惡之物，它只是假名為身而已，沉溺在生老病死的大海中。有智慧的人應該除滅它，如殺怨賊一般，對它沒有一絲的欣喜。你們比丘大眾們應當一心勤求出道，一切世間的動與不動之法，都是敗壞不安之相。你們應該停止追逐了，不要再講太多言不及義的話了。時間就快要過去了，我即將要滅度了，這就是我最後的教誨了。」

接著世尊進入初禪，從初禪出，進入二禪，從二禪出，進入三禪，從三禪出，進入四禪，如此進入九次第定，達到滅盡定。又從滅盡定回到非想非非想定，回到無所有處、識無邊處、空無邊處，進入四禪、三禪、二禪、初禪。再從初禪進入二禪、三禪、四禪，從四禪出，然後圓寂。

生病了，正是諦觀生命的時刻，只有透過病苦，才能更透徹的了知生命的真相，在了知生命的無常、無我之後，才能面對死亡，生死自在。病中，或疫病蔓延時，正是生起智慧的時候。

VIEW 76

# 在疫病中生起智慧

作　者—陳琴富
主　編—李筱婷
企　劃—江季勳
美術設計—兒日設計
內頁設計—李宜芝

董事長—趙政岷
出版者—時報文化出版企業股份有限公司
一〇八〇一九台北市和平西路三段二四〇號七樓
發行專線—（〇二）二三〇六—六八四二
讀者服務專線—〇八〇〇—二三一—七〇五
（〇二）二三〇四—七一〇三
讀者服務傳真—（〇二）二三〇四—六八五八
郵撥—一九三四四七二四時報文化出版公司
信箱—10899 臺北華江橋郵局第 99 信箱
時報悅讀網—http://www.readingtimes.com.tw
時報出版愛讀者—http://www.facebook.com/readingtimes.fans
法律顧問—理律法律事務所　陳長文律師、李念祖律師
印刷—勁達印刷有限公司
初版一刷—二〇二〇年三月十三日
定價—新台幣三〇〇元
（缺頁或破損的書，請寄回更換）

時報文化出版公司成立於一九七五年，
並於一九九九年股票上櫃公開發行，於二〇〇八年脫離中時集團非屬旺中，
以「尊重智慧與創意的文化事業」爲信念。

在疫病中生起智慧 / 陳琴富著 . -- 初版 . -- 臺北市 : 時報文化 , 2020.03
224 面 ; 14.8×21 公分 . -- (View ; 76)

ISBN 978-957-13-8123-7( 平裝 )

1. 佛教修持 2. 生活指導

225.87　　109002439

ISBN 978-957-13-8123-7
Printed in Taiwan